恐懼遇見愛

When LOVE Meets Fear

Becoming Defense-less and Resource-full

美國心理治療大師 大衛・里秋 David Richo 著

曾育慧、張宏秀 譯　　張宏秀 審訂

CONTENTS

第二部　克服你的恐懼

CONTENTS

導讀

接納恐懼，擁抱祝福

張宏秀

你承認常害怕嗎？你知道你在怕什麼呢？你討厭恐懼的感覺嗎？你想瞭解讓你害怕的真正原因嗎？如果你想一勞永逸地克服你的恐懼情緒及情結，此書是為你而寫的。本書較先前出版的《回歸真我》及《與過去和好》更深入地討論恐懼與其克服之道，也更具體地詮釋恐懼對靈性成長的價值。里秋博士以其心理與靈性整合的一貫風格及實例，帶領讀者循序地反思並整理恐懼經驗，協助讀者從恐懼的瞭解、聆聽與接納、克服、進而在靈修中放下對恐懼的控制心態，並以慈悲待之，讓恐懼成為靈性轉化的助力！

里秋博士相信，一切恐懼肇始於對失落與改變的抗拒，並在抗拒中產生對人對事的錯誤觀點，而衍生出更多的恐懼。與其說克服恐懼，不如說學習與恐懼共處之道。我們選擇與恐懼為友不為敵，能與恐懼共處一室，即是與恐懼共處的第一步！尋求「零恐懼」的生活並非作者的理念，因為恐懼是生命的本質。里秋博士鼓勵我們對恐懼經驗開放與接納、允許自己與恐懼共處，而在恐懼中經驗無懼。我欣賞作者將恐懼經驗、自我肯定的行動與恐懼的靈修，做三個定點的連結貫穿各章，而形成本書核心精神。書中所提供有關恐懼心理學、恐懼情緒管理，以及恐懼與靈性整合的資訊，可以滿足讀者不同階段的需要。所以本書沒有「有效期限」，可供長期使用。

恐懼是保護生存的原始情緒，它與焦慮及憤怒有親密的關係。因為恐懼常是躲藏在憤怒後的真正情緒，而焦慮是一股模糊不清的恐懼。恐懼與受其影響的憤怒及焦慮，可以被轉化成對生命有建設性的能量。對情緒管理有經驗的人都知道，被壓抑的恐懼可能會變成憂鬱症、焦慮症、強迫性行為、身心症或成癮問題，所以妥善處理恐懼也是對以上病症的預防。

人對恐懼的反應方式，自然會受到人格特質、成長背景及經驗的影響。許多中國人對恐懼的反應不外乎轉移注意力、否定它的存在，或是壓抑它，因此失去了與恐懼感的接觸。臨床上許多惱人的行為困擾，都只是恐懼情緒被忽略後的外顯癥狀。人會自然而然地以恐懼感來處理生存的威脅，但人也可能不自覺地將恐懼變成一種控制的方式或不健康的自我保護機制。這心理上的矛盾，使許多人習以為常地活在恐懼中。心靈成長的目的，在增加對恐懼的包容共處力，而非麻木。世界上沒有讓人免於恐懼的香格里拉，只有我們回到方寸之間，以愛與接納克服恐懼，將假敵人變成真朋友。

你的生活是否因恐懼而被逃避卡住？被依附關係或某些執著所主導？要認識恐懼，應該先弄清楚自己的恐懼到底如何在生命中運作，而不只在所害怕的人事物上打轉，白白耗掉你的能量。恐懼是由內而生的情緒反應，環境中的人事物只是引發心中早已存在的恐懼。在此不妨參考里秋博士關於恐懼運作脈絡的歸納：害怕失落，害怕改變不了自己又怕自己被改變，害怕體內對恐懼的記憶，害怕來自神經質的恐懼。當我們釐清恐懼的脈絡，學習與其共存之道，而能允許適量的恐懼來提醒並保護我們，此時的恐懼何嘗不是化了妝的祝福！另外，你可以認出恐懼在生活中常出現的場景嗎？有些場景是如此讓人熟悉，有些能帶給你驚訝！里秋博士提醒我們注意以下的場景：無名恐慌的出現，生命階段的開始與結束，失去所依賴的安全來源，及面對無法用忙碌去否認的孤獨。我喜歡里秋博士邀請我們一邊閱讀，一邊回顧自己在這些人生場景中的經驗，也為這些場景的再現而準備。

為什麼有越來越多的人害怕親密關係或無法承諾？他們到底在逃避什麼？他們是在逃避關係？逃避所愛的人？或是逃避自己？里秋博士提醒我們，在親密關係中的恐懼總是與自己有關的，因此我們要學會在愛的關係中處理自己的不安與害怕，幫助自己成長改變，也讓關係有成長的可能性。我們可以輕易地指責對方，自認自己是受害者，要對方為自己的痛苦負責，而永遠卡在悲情中。或者，我們選擇去勇敢地審視自己的恐懼，而從肯定並聆聽自己的害怕開始。薄弱的自我肯定，讓我們活在迷糊的人際界線，搞不定人我之間施與受的平衡。可以因為害怕失去愛，而允許自己不被尊重而不察。也可以因為童年未癒的恐懼，而容許對方侵犯自己的身體情緒或基本尊嚴。

你可以辨識關係中愛與恐懼的互動模式嗎？來自愛的分享及接納與來自恐懼的控制及被控制是如何在你的關係中對話？里秋博士鼓勵你先練習在自我肯定的基礎上，面對關係中的恐懼，你將漸漸能平心以對。具體而言，他建議你首先在心理上要清楚你是誰？你此時的身心狀態？成長背景對你的影響？你的生命目標與願景？你的需要與渴望？如此你才能在適當的時機表達你自己，這就是自我肯定的開始。其次，能肯定並表達自己的需要，也能給人回饋、肯定與讚美。最後，能實踐在第六章中十個「無懼的力量宣告」為生命負責，例如表達自己的感受及處理自己的未竟之事。

其實，人最深的恐懼是害怕成長與改變。因為我們不願面對自己的不足與有限。而靈性成長的挑戰即是去學習心悅誠服地面對自己裡面終究是空無一物的實像。在發現自己原來什麼都不是，或接受自己原來「不是什麼東西」的剎那，我們過去感到安全的存在方式受到前所未有威脅與挑戰，真是無比的恐怖！然而，一旦接受自己是「一無所是、一無所有、一無所能」，我們就進入更高深寬廣的生命意識中。正如靈性的弔詭原理，我們活在「無所不是、不有、不能」的永恆生命架構中。在這個與宇宙大我連結的架構中，祂的就是我的。在我內有宇宙的豐盛及我所需的一切！我何懼之有？所以恐懼也是一條靈修的路，一條從有到無、又從無到無所不有的路！

里秋博士非常肯定他的基督信仰，但也尊重禪宗的智慧。在一次與里秋博士的對談中，他被問及本書除了引用聖經及聖人話語之外，也引用了來自佛學及禪宗對恐懼心理的剖析與處理。對此他認為：其實最重要的是與基督建立有品質的關係。如果能與這位肉身的天主培養亦師亦友的關係默契，我們自然能在聖神內分辨並選取能滋養天人關係的知識與經驗。因此在信仰旅程中，儆醒小心的態度並不等於害怕與控制行為，我們需要分辨小心與恐懼的差異。心理學是知識，是一種對靈性成長及靈修的有利工具，心理學協助我們腳踏實地而非天馬行空的靈修，用自己的生命體驗基督的宇宙性，祂是一條天人合一的道路，一條回家的路。因此在文末，我以喜樂的心，與您分享本書對我個人最大的影響。

（本文作者為心理治療師、婚姻家族治療督導）

專文推薦

用心若鏡——我讀《當恐懼遇見愛》

吳佳璇

至人之用心若鏡，不將不迎，應而不藏，故能勝物而不傷。

——莊子內篇應帝王第七

身為一位愛書的精神科醫師，我必須坦承，替自己和病人找參考書，是進入職場後重要的閱讀動機。

病人也要讀書？是的，現下台灣精神科門診，雖然不像內外科名醫掛號動輒破百，半天門診少說仍需服務二、三十位病人。為了提升效率與品質，醫病都得善用「參考讀物」。

很高興我的中文參考書單，即將多一本重量級作品——大衛・里秋博士在一九九七年發表的《當恐懼遇見愛》。

眾所周知，「免於恐懼」同言論、信仰、免於匱乏並列四大自由。本書開宗明義卻主張，無人能免於恐懼，我們只能試著去明白恐懼如何妨礙、限制我們，學習與恐懼感共存，進而超越恐懼，不讓恐懼主導或阻礙我們的人生。

循此理路，作者先定義恐懼為身體／心理在面對真正的或想像中的危險時所出現的反應，並提出「適當的恐懼」與「神經質恐懼」的概念，使讀者認識健康和不健康的恐懼如何運作與表露。由於恐慌本身並不危險，被它攫住才是真正的危險，作者進而主張學習與恐懼共處，並非對抗，才是身心獲致平和的法門。

面對孤寂亦同。

如何與恐懼、孤寂共存？作者將「鏡映」（無條件接受）和「連結」視為兩大法寶。鏡映使人有全然的醒悟，便永遠不再感到絕望，如莊子所言：「至人之用心若鏡，不將不迎，應而不藏，故能勝物而不傷。」[1] 連結則是一張充滿包容與扶持的生存安全網，即便危機降臨，終將安然度過。

要是本書沒有第二部的內容，應該會被放上哲學類書架，能成為一本長期受歡迎的自助（self-help）書。筆者以為五、六兩章開出的「功課」不但是關鍵，更是所讀過最實用的「自我肯定」（self-assertiveness）技巧訓練守則。讀者若能反覆練習、再三體會，不但能充分關注、接納、欣賞身邊的人，並容許對方做自己，更能從而建立「成人

1. 注：至人的用心有如鏡子，任物的來去而不加迎送，如實反映而無所隱藏，所以能夠勝物而不被物所損傷。（陳鼓應注釋）

對成人」的健康關係。

或許是閱讀動機過於功能取向，筆者對書中靈性成長部分體會不深；但我完全同意作者主張，「對待恐懼，需要做心理成長與靈性成長這兩項功課」。

親愛的讀者，且讓我們相互勉勵，一起成長！

（本文作者為精神科醫師、作家）

專文推薦

親吻黑天使

賴佩霞

在還未接觸心理學之前，恐懼一直是我最想脫逃的狀態。回想小時候的某些場景，如今依然教我筋骨酸軟。恐懼，是我們最不想要的感受，它讓我們感覺到自己的無能與渺小。這對Ego（自我；我執）的發展來說，無非是頭號殺手，想當然爾，我們盡其所能地逃之夭夭。我們一心追求成功、自信、勇氣、快樂、瀟灑、幸福，卻在恐懼來襲時全盤瓦解。我們努力不懈，就是希望免於恐懼、永遠超脫，殊不知，這些得來不易的成果，不但沒能讓我們心靈踏實，反而因害怕它的減損，而戒慎恐懼。

這不由讓我想起佛陀當年遠離皇宮，不就為了要找到終極的解脫之道。人之所以苦，就是因為有恐懼；一旦超越了恐懼，就可以快樂似神仙。的確，有很多人持有這樣的看法，邏輯上也說得過去，但以我看來，這裡少了一個很重要的「認識它」的過程。我們常說，知己知彼，百戰百勝，不是嗎？

當我們越抗拒，它對我們的影響就越大，其威力更深不可測。如果我們漠視、不試圖認識或瞭解，又如何超越？單憑一股天真、浪漫的妄想是不切實際的。否認或不理會如果行得通，那今天得道的神仙早就比比皆是才是。

這是我看到本書的價值所在。以我多年從事心理研究的經驗，要定下心來把這本書看完，對有些人來說確實有些挑戰。不是書不好看，而是隱藏在潘朵拉盒子裡那些讓我們既好奇又害怕的課題似乎不那麼輕鬆。我們都知道恐懼影響我們至深，不得不究，但也因為害怕，而產生無能面對的狀況。

因為對恐懼不了解，也大大提升了我們可能被牽著鼻子走的機會。比如某些擅長操弄恐懼的政客、懂得販賣恐懼的商人，甚至一些團體、機構，都能很巧妙地支配我們的行為與荷包。當內心的恐懼被挑起，我們無意識中就陷入任人宰割的情境而不自知。

誠摯的邀請，花些時間好好看看這個跟我們生命品質息息相關的敏感議題。當然，我可以用行銷的說法說：瞭解恐懼之後你就可以擁有幸福美滿的生活；但我想更貼切地說：如果恐懼是我們人類心智的一部分，與其丟棄它，倒不如花些時間好好認識它、研究它、與它對話，看看它到底隱藏著什麼樣的魔力與價值。

與其摒棄，不如了解；與其遠離，不如進入。這是我多年來與恐懼為伍的深刻體悟。你可以坐下來，就像買一台你夢寐以求的電腦一樣，細心閱讀它的操作手冊，用你珍惜的心，溫柔地瞭解它的運作機制。畢竟它將與你常相左右。我真的不是開玩笑的，很多人對電腦或電視的瞭解，甚於對自身恐懼的瞭解。

透過作者里秋博士的分析、出版社的用心，還有我的推薦，希望能大大擴張你閱讀本書的勇氣與意願。因為閃躲，只會讓恐懼在不被關注的情況下，像無人聞問的恐怖組織一樣在地下茁壯。作者深厚的諮商、研究及教學經驗，的確能讓我們有距離的去看清楚這個尾隨我們多年的黑色傢伙。

如今，我們都已長大成人，但據我觀察，大多數的人在情緒或靈性層次上，都還像孩子一樣畏懼。通常在別人身上我們都看得特別清晰，對自己深陷其中卻只能拼命閃躲。

為了增強你對自己的好奇，我建議閱讀本書前，不妨坐下來，拿一張空白的紙，畫個大大的井字，中間寫下「恐懼」二字，然後一一將心裡真正恐懼的事寫在其他八個空格上。看書時，當讀到某個跟自己恐懼契合的地方，就為它劃下一些註記，以增加你跟議題的關聯。讓內在的黑色恐懼慢慢一點一點透過理解而浮上檯面，同時親吻它對你的啟發與保護。切記，在不認識它之前，我們只會抗拒，當然無法瞭解它的動機與價值。

說到這裡，該就此打住了。我先分享填寫在恐懼周圍的八個部分：死亡、老化、貧窮、名聲敗壞、孤獨（不重要、沒人在意）、健康不再、瘋狂（精神錯亂）、輸給敵手（自尊心受挫）。那你的恐懼是什麼？

不妨開啟一頁新的旅程，讓本書作者陪你一一深究、洗滌。祝福你即將挺進深藏於心的黑色恐懼。先從認識它開始，假以時日，你就會認出祂天使的面孔。

（本文作者為魅麗雜誌發行人、作家、身心靈成長導師）

專文推薦

愛，是恐懼的最佳療癒力量

蘇絢慧

我有幸先睹為快大衛．里秋博士的最新中文版作品《當愛遇見恐懼》。閱讀里秋博士的書（台灣已出版了幾本），向來都是我與心靈對話、面對陰影與檢視傷痛的最佳指引與陪伴。

此本書，一開始便指出了人的生活中，「恐懼」幾乎是如影隨形地存在著。而我們做的許多選擇、許多反應，更是基於恐懼的驅動而做出的。無意識中，我們被恐懼綁架，被恐懼控制，也被恐懼影響著，卻無能為力，有時甚至無法自覺。

若活在一個恐懼的世界，對我們而言，這世界會盡是傷害與危險。因此，我們必須時時刻刻的防衛；時時刻刻的猜測他人是否話中有話；時時刻刻的謹防他人在背後的嘲笑；時時刻刻的恐嚇自己不要觸怒他人；時時刻刻的糾正自己不要惹人非議；時時刻刻的要自己謹守戒律與規則！

恐懼常常是鋪天蓋地而來，沒有一刻能讓人安心與放鬆，好似隨時都有人在攻擊與批評，隨時都有人惱怒與準備施以懲罰，隨時都有人羞辱與嘲笑。

即使，外在的威脅讓人感到防不勝防、精疲力竭，然而最大的威脅是——那令人恐懼的聲音始終在你的心中，從來沒有一秒停歇或消失，那才是最大的折磨與糾纏。而這些恐懼，幻化為無法計量的害怕：害怕與人靠近，也害怕獨處；害怕失去，也害怕擁有；害怕被認識，也害怕不被認識；害怕接收，也害怕付出；害怕改變，也害怕不變；害怕前進，也害怕停頓；害怕被拋棄，也害怕被吞噬……。

我們活在一個充滿拉扯與矛盾對立的衝突中無法解脫。這些衝突不僅存在於我們和外在之間，也存在於我們內心的小世界。

這些都是因為我們原本要建立的功能性自我受損與受破壞，以至於自我呈現為一種神經質的狀態。神經質的自我乃來自於過去童年時期的我們，因為遭遇到驚嚇、恐嚇、威脅、批判，甚至暴力，使我們的生命無法隨著成長歷程而成熟與茁壯，反而停留在那個受到驚嚇、威脅與恐嚇暴力的經驗中，遲遲無法被釋放。

也就是說，受傷的童年早期記憶會自動化地形成我們對人世（包括對自己、對他人、對世界）的設定，像是：這世界是充滿危險的，別人都是會批評我的，我是一無是處的。或是：這世界是冷酷競爭的，別人都是壓迫者與侵略者，我是無助可憐的。這些因為早期生命經驗而累積形成的「設定」，若沒有處理與改變，便會反覆讓我們無法自拔地被「恐懼」的情緒風暴席捲，處在完全無助與遭受這些情緒攻擊的狀態。

因此，自保的第一步是，正視恐懼，瞭解恐懼的機制。人人都有恐懼，但每個人形成恐懼反應的路徑並不相同，會有所恐懼的因素也不同，只有對自己的恐懼感受有足夠的體察與瞭解，才能讓自己辨識哪些情境容易促發恐懼，這些情境又是如何的被解讀、被認知，以至於恐懼總是來得又快又猛，並且失控。

唯有我們願意為自己擔負起照顧生命的責任，並且願意學習肯定自我的存在與權利，我們才能把力量還給自己。關於這部分的學習與練習，書裡給了我們清楚的方向與習題。

而生命的各種課題，最終我們要能經歷冒險，離開我們自認為的安逸舒適（一種神經質恐懼所設定的合理化安全需求），願意朝向真實的體驗邁進，而不是停在被誇大的危險想像中。在真實歷練中，我們感知新的經驗，習得新的處理方式，並且穿越恐懼的迷障，接觸真實人我與世界。

這一切的冒險與探索，我們之所以有意願、有勇氣去進行，乃來自於靈性的力量——愛與慈悲。有愛與慈悲的力量，恐懼也就有了安定的承接與陪伴。事實上，愛與慈悲是人類最美好的恩典，它們是溫柔又強大的力量，讓苦難與傷痛有了觸摸，也有了安息的依靠。

要單靠意志與訓練去克服恐懼，或許仍有效果，但那效果都不及一個內在有愛與慈悲力量的人所經驗到的自由與開展。大衛・里秋博士的這本書讓我們瞭解透過心理與靈性的整合，我們能以一個完整生命的存在，來重新體認我們與世界的關係，並超越個體的有限性，與更宏大的力量連結。

如果，您渴慕這樣的自由與開展，也渴慕生命對世界與宇宙的全然信任，推薦您與這本書相遇，與愛相遇。

（本文作者為諮商心理師）

作者序

敞開自己，擁抱無懼之愛

本書的中文版能夠問世以饗中文的讀者，讓我感到非常喜悅。

我們每個人都經常為恐懼所束縛，也經常採取不必要的自我防衛。這本書提供的資訊和練習，能幫助我們瞭解自己的恐懼，並予以處理。

我們無法完全免於恐懼。但即使如此，我們也無須因恐懼而停止或被迫改變我們所做的事。而擁有這種美好的自由，正是本書要提供給你的。

我們知道，真愛使人免於恐懼，但我們通常認為這份愛僅指我們所接受、或我們所付出的愛。這確是如此，但這份愛其實也意指我們對自己的愛。當我們更關心自己時，我們便能放下那些受傷的經驗。當我們不再讓恐懼主宰我們的生命與選擇時，我們就能在對自己的關愛中逐漸成長。這是愛消弭恐懼的另一個途徑。

單靠人為的努力，還不足以達成這項目標。在自助和自我療癒當中，我們會得到靈性的協助，這便是上天的恩寵，是來自更高力量的禮物。當你開始閱讀這本書，並認真照著書中的功課來幫助自己，循序漸進地處理恐懼，你可以信任那份在此過程中讓你覺醒的靈性力量。

每一天，在你開始讀本書之前，我建議你唸以下的自我肯定，那也是懇求恩寵的祈禱：

我對今天發生在我身上的每一件事說「好」，
並將其視為表達關愛和放掉恐懼的機會。
我感謝我能恆久地去愛，
這股力量來自宇宙中的聖心。
願今天發生在我身上的每一件事
讓我的心逐漸打開，並使我免於恐懼。
願我所思、所念、所感之事，都能展露仁慈與愛，
也如此對待我自己、我周遭之人，以及萬事萬物。
願無懼之愛成為我的生命目的、我的喜樂、我的靈性旅程，
這便是我能得到或給予的極至恩典。
且願我常保仁慈之心，
以此面對受怕、孤單或絕望之人。

大衛．里秋
寫於二〇一三年

別怕，這島上眾聲喧嘩。
樂曲和甜美之音帶來喜悅，毫不傷人。

——莎士比亞，《暴風雨》（*The Tempest*）

前言

療癒害怕的內在小孩

恐懼是心靈的殺手。恐懼是微小的死亡，卻能帶來全然的毀滅。我將面對我的恐懼，我會讓它降臨，再讓它過去。恐懼離去之時，我回頭凝視它的足跡，看到被它踐踏之處一片荒蕪，只有我還在。

——法蘭克・赫伯特，《沙丘魔堡》（*Dune*）

近幾年來，我發現我做的決定多半是基於恐懼，我該面對的許多問題也帶有恐懼的成分，而且恐懼一直隱身在我所有的人際關係當中。我想，有這種感受的人也許不是只有我，便興起寫下這本書的念頭。

這本書是為你而寫，如果你——

害怕愛得太多或不夠多

害怕別人根本不愛你，或展現出侵略性的愛

害怕被愛得太強烈或太遲疑

害怕難以掌握的愛

害怕因為關係變親近而不受重視

害怕在關係無法繼續下去時離開

害怕改變，不想失去保持現狀所帶來的安全感

害怕在衝突持續發生時選擇留下來

害怕即使知道該抽身，卻離不開

害怕因為不聽話而被遺棄

害怕承諾

害怕打破承諾

害怕放手，也害怕繼續前行
害怕悲傷、憤怒或喜悅的感覺
害怕某人在身旁時的不安全感
害怕想笑就笑
害怕想做就做
害怕被拒絕，因此極力取悅他人
害怕被態度冷淡的伴侶甩掉
害怕被黏人的伴侶佔據你的全部
害怕被信賴的人背叛
害怕羞辱而要掙面子
害怕自己的潛力
害怕自己內心黑暗的一面
害怕性慾出現或消失
害怕發現自己想要的東西
害怕認識自我
害怕被伴侶看透
害怕給予，因為不想被索求無度

害怕接受，因為不能決定會收到什麼
害怕開始或重新開始
害怕為過去或失落而悲傷
害怕獨處
害怕與別人相處
害怕面對他人的真實面
害怕被看出自己的真實面
害怕要求你真正想要的
害怕花錢、存錢、賺錢、分錢或浪費錢
害怕失敗或成功
害怕因無所恐懼而心生恐懼，設法在生活中讓自己有事可擔心

我們每天都有害怕的時候。因為恐懼，我們去做或不做某件事，或者因為恐懼而改變、不做或不終止某項行動。恐懼讓我們不想冒險，不願發揮創意，勇往直前。這本書不是讓你感受不到恐懼，而是教你如何放心迎接恐懼感。既然沒有人能免於恐懼，我們只能試著去瞭解，知道恐懼如何妨礙我們，如何限制、干預和對待我們，以及該如何超越恐懼，不讓恐懼主導或阻礙我們的人生。

恐懼不見得是壞事。比方說，成年禮或入會儀式通常都會令參加者感到痛苦與恐懼。投入一項新任務，或正在經歷辛苦的轉型期，都可能是讓你脫胎換骨、成為英雄的過程。英雄，不正是飽嘗傷痛之後身心轉化的人嗎？

不健康、神經質的恐懼，跟適當的恐懼完全不同，本書將幫助你做區分。接下來的章節，我們會討論神經質的恐懼感是如何帶來壓力與興奮，而促使自我意識高漲。我們也會探討自身的強迫性傾向如何使我們陷於不絕的恐懼，並且探討我們的抵抗、防衛機制、驚嚇反應，以及恐懼與愛的關聯。恐懼，是我們不能勇敢去愛的唯一障礙。只有處理好內心的恐懼，我們才能愛人與被愛。拋開自我（ego），其實就是放下恐懼，擁抱愛。

我們也會討論一些重要的恐懼感，比如害怕愛與失去、害怕改變、害怕透露自己的事、害怕他人、害怕施與受、害怕人事物的來與去、害怕孤單……等。我們也會談空虛感，這是內心什麼都沒有的虛無狀態，什麼都不起作用，讓人困在孤寂和絕望當中，無依無助。以上談到的這些情緒，我全部都體驗過，甚至有許多是現在式，我願意把我學到的與你分享。

不管從人生的任何角度來看，「有勇氣」跟「不害怕」都不是同一件事。肉體的恐懼，挑戰人的身體與智力；心理的恐懼，挑戰人的精神與靈魂。戰爭英雄在戰場上展現大無畏的氣勢，有動章為證，但私底下他害怕的東西也許跟他拿的動章一樣多。身為軍人，他是不折不扣的成人，可是面對親密關係，他可能更像個擔心受怕的小孩。女人在高興「終於找到天不怕地不怕的真男人！」而期待與他發展親密關係時，也許會發現原來這個男人完全不敢面對他自己的感覺。

伴侶間其中一人對親密關係的恐懼，通常是兩個人的問題。恐懼會透過各種形式衝擊、投射在兩人身上，某種程度上也同時對兩個人發生作用。你口中態度「冷淡」的伴侶，實際上是害怕親密感（「冷淡」在這個情境中意謂著恐懼感），你會因而沮喪，希望他擺脫這層恐懼感。但如果你選擇繼續跟害怕親密的人在一起，不就表示你也接受這種缺乏親密感的關係嗎？是否連你也害怕親密？他是直接的恐懼，而你的恐懼是透過他拐彎抹角而來的。當初你是否帶著這份恐懼，才找到跟你一樣不願培養親密關係的人？如果你希望有不同的選擇，只有堅持改變才有用。關係若要改善，雙方都得投入，你們的挑戰就是要一起努力，建立安穩的親密關係。

大部分的人都聽過「內在小孩」（inner child）這個名詞，指的是每個人幼年時期因需求未能滿足而留下的創傷記憶。我們每個人心中也都有一個「害怕的內在小孩」（scared child），這個害怕的小孩來自於同樣害怕的上一代。對孩子來說，父母親是具有克制力的成人，他們足以掌控一切，但他們的內心也許依然是一個害怕的小孩。在孩堤時代照顧我們的父母親，他們的心境有時是害怕的小孩，有時又是幫助我們成長茁壯的大人。我們每個人都經歷過父母的雙面性，只是這兩面看起來都一樣，所以我們可能難以察覺，也從來無法以這種方式弄清楚。如今我們知道了，應該用更同情的眼光來看待。

這些主題聽起來似乎很嚴肅。「嚴肅」就如同恐懼，是痛苦的另一個同義字。法國思想家伏爾泰說過：「上帝是喜劇演員，觀眾卻不敢笑。」想知道你害怕什麼，最簡單的方式就是看看你面對哪些事物無法投以笑容。幽默可以將你從恐懼的桎梏中解放出來，讓你不再被恐懼所挾持，你便能恢復生機，重新感受自己的熱情，言語不受拘束，心裏的歡樂也不會再被壓抑。

問問自己：「能不能從恐懼的事物中找到幽默？能不能從自己害怕的情緒中找到幽默？我能笑自己嗎？」這裏的笑不是嘲笑，而是自娛。馬斯洛（Abraham Maslow）[1]對於自我實現的詮釋是：「最終你將能接納，並用富有興味的眼光看待生命中發生的每一件事。」當你的心有所歸屬，並且相信發生在自己身上的每一件事都是人生道路的必經風景時，你就能領會幽默。其實，當你想法改變，把事件當成生命的一部分而不是障礙時，原先的恐懼就不足為懼了。

對待恐懼，需要做心理成長和靈性成長這二項功課。心理成長是讓健康的自我意識開始作用；靈性成長則需要練習「活在當下」（mindfulness），聚焦於現實的律動，把注意力從神經質和受驚的自我意識中抽出。在這兩種情況下，我們採取有意識的行動，隨

1. 編注：美國人本主義心理學家，以需求層次理論（Need-hierarchy theory）最為人熟悉。

著意識的轉換，上天的恩寵便會出現。「風馬」（windhorse）是一種源自西藏的圖象，很能傳達人的努力與上天的恩寵兩相結合的精髓。風勢儘管強勁，你還是安坐在馬鞍上。不管是風還是馬，都在幫助你前行，風從後面推著你，馬承載著你。風持續地吹，這個力量讓你繼續前進。馬匹是明顯的支持，它就像是你的自我功能、曾經拉你一把的貴人、讓生活更順遂的某些決定、克服恐懼的努力，還有這本書！在這些看得見的動作背後，有你看不見的恩典，尤其是當你的恐懼自我還坐在馬背上時，冥冥之中，會有一股力量帶你突破能力的侷限。

當我們收到「放下恐懼」的訊息時，恐懼感會更容易被解除。如果你覺得書中有哪些段落特別符合你的情況，可以大聲唸出來，或是把它錄下來，再放出來聆聽自己的聲音。當你讀到令你心有戚戚焉的字句時，也許可以放聲呼應它。每章結尾的功課和建議，也希望你照著做。有了這些內容和行動指引，讓本書不只是閱讀，也成為**改變自我的計畫**。從恐懼進入愛，轉變的進度跟你投入這項計畫的努力多寡是成正比的。

在你努力的同時，上天的恩寵也會慢慢浮現，有時甚至會超乎你的想像，所以要有心理準備，注意周遭各種有深意的巧合、相關的夢境、同時期出現的人生事件與挑戰，再利用這些有利的條件讓自己放下恐懼，迎向愛。最後，當你有計畫地控制恐懼感時，恐懼就不再能對你發生作用。本書為你準備了這項計畫。

有些主題會在書中重複出現，當你持續閱讀和參與每次的練習時，你會發現這些主題的內涵愈來愈豐富，你的理解也會更加深刻。我指的主題，是**自我**、**失落哀悼**、**早期生命和靈性**，這是人類存在的四大難題，它們是本書的主角，跟恐懼密不可分。

最後一點，「非暴力」是這本書的基本價值。當我們卸下心防、資源豐富（resource-full）時，非暴力是自然的結果，我們也得以擺脫恐懼，讓心靈獲得自由。你會發現自己的諸多改變：恐懼變少，愛的能力增加；以自我為中心的佔有欲降低，更富有同情心；少一點尋找自我，多一點慷慨……最重要的是你逐漸知道，不必事事強求。當你發覺不必用力推，門就為你而開的時候，也會更高興。

這本書採用「你」、「我」和「我們」的對話寫作方式。接下來我就以這種方式與你展開對話。當我說「我」的時候，就是我自己在跟你說話。我所有的話語都在幫助你免於恐懼，讓你有所啟發，使這個奇妙的世界充滿愛。

即使是一點點進步，都能使你免於恐懼。

——《薄伽梵歌》（*Bhagavad Gita*）

第一部　正視你的恐懼

第1章 恐懼如何運作

生命的規律，因其無所保留的贊同，而活在英雄的生命之內。

——默西亞・埃里亞德（Mircea Eliade）

恐懼與生存的條件

我們主要的恐懼都是來自害怕失去和改變，例如：放手後繼續生活，不敢敞開心房、對他人懷抱恐懼、害怕別人、害怕被拒絕、害怕施與受、害怕人事物的來與去、害怕孤單和空虛感。這些也都是人類的正常狀態！

以下四點都是生命的常態：

- 人最終都是孤獨的
- 世事無常
- 人生無法預料，而且經常不是公平的
- 受苦是全天下人的經驗

我們不妨比較一下，一個成人和一個害怕的小孩在面對上述每一項生命常態時，反應有什麼不同。當孤獨感來襲時，成人會去尋找支持，或是跟孤獨共處。「共處」是活在當下的形式之一：不帶批判、不摻雜情緒、沒有恐懼或欲望，只是默默地感受現狀。害怕的小孩則會對孤單做出價值判斷：「一定是沒有人想跟我在一起，我會孤單地死去。」因此，他會想辦法去填補孤單，減輕被孤單團團包圍的感覺。他不會只是找人給他支持，而是找一個能帶走孤寂感、填補空虛的人。他相信這件事靠他自己是做不來的。（前面曾提到用幽默的方式度過恐懼，我們不妨引述上面害怕的小孩說的那句話，然後大聲喊出來，喊到我們自己都笑出來為止！）

對於世事無常，成人會透過觀察，接受人生的每件事都有階段性的發展，從上升、到達高峰再漸趨衰弱的鐘形曲線，似乎是所有生命的共同點。若從孩子的恐懼觀點出發，我們會企圖留住「此刻」，只盼望事情變好，不能變壞。「我跟你有過美好的戀情，現在激情已褪，所以我要去找別人。讓關係正常地從甜蜜發展到衝突出現，再到成熟的彼此託付，這種轉變我不要。」這是浮士德的凡人之過：「留下吧，你是如此美麗！」

如果我們坦然接受世事的常態，便能接納事情無法預測或難以掌控的特性。但若從孩子的恐懼觀出發，一切都要求確實，我們就會去尋求安全的港口靠岸，拼命去抓住可以依賴的事物，不管是人、宗教、某個大師或信仰體系，甚至是成癮物質。只有當每件事都很妥當、處理得很好、一切都在預料中時，才會覺得有安全感。另一方面，成人經歷過恐懼，早已跟世間的不確定性達成默契，不會刻意閃避那些變故。「有些事按照我的計畫發展，有些事則完全相反，這樣的結果，我認為都是天命。」這樣想，反而能夠提昇你處理不可預料之事的能力。這聽起來有點矛盾：**甘願承受，反而會增強你處理無法改變之事的能力**。事實上，我們可以把世間的各種狀態簡單地加以分類：有些事我改變得了，至於我無法改變的事，我就接受，不去挑戰它。

另一種狀況，是天下事不一定公平，邪惡有時會戰勝善良。人世間不見得每件事的結果都符合公平正義。害怕的小孩總是認為公正的判決是可以期待的。他假設有位全知的法官會伸張正義，懲罰作惡者、獎賞無辜者。這是簡化的因果報應論。根據實際觀察，現實似乎不這麼正氣凜然，而是漠然！

受苦則是普世皆然。好人受苦，壞人走運，相反的情況也有，總之很難說。孩子的想法是壞人應該讓他受到傷害（得到懲罰），不必幫助他改過或轉變。這種想法的起源是以自我為中心的報復主義，而不是慈悲的本我（self）。

在人際關係中，受到傷害和背叛的痛苦，造就了我們的性格。帶給我們痛苦的人，也是我們被迫成長過程中的一份子。當你能夠帶著這種心態來面對，就會知道他們在這個過程中做了他們該做的，不管是好還是壞，最後你真的可以放下。生氣和怨恨很正常，但你終究會原諒，也知道這一切都註定要發生。如同尼采說的：「壞事和痛苦發生了，巨大的解放才會出現。」

無花果樹會在季節開始先結出一顆美妙無比的果實。這顆「先鋒果」的目的，是出來體驗周遭的環境，再把是否要開花結果的訊息傳送給其它還沒成形的果子。訊息的內容也許是「可以出來了」或「外面很危險，空氣太髒，繼續躲在裡面吧」，還沒出生的果實會依據這個訊息做出回應。他們對先鋒果傳回來的訊息全盤接受，不帶任何痛苦、失望、憤怒或恐懼，因為這個訊息就是一則事實。這是接受現實的例子。

在自然界還有另外的例子也是如此（對現實只有同意，而且是無條件的同意，幾個世紀以來的每一刻都沒改變過）。獵鷹在交配之前，會在自己地盤上用低飛的方式仔細查探地面有多少隻松鼠、鳥類和哺乳類動物，看看這一區現有的生態夠不夠供應二隻獵鷹和牠們的後代活下來。如果糧食來源足夠，牠們便交配，母鷹會把蛋生下來。如果發現不夠吃，交配的事就等明年再說（想想看，如果人類也這麼做，那麼世界人口數應該會有很大的不同）。要不要交配就這麼決定，不必生氣也不用抗議，因為這就是事實。

當我們知道事情的狀態，並把這些狀態視為現實而接受，就叫做活在當下、全盤接受，既不恐懼也不做其它要求，有點類似庭外和解。

吸菸的人讀了衛生署長的報告後，說一句「吸菸有害健康」，然後把菸丟掉，再也不吸菸。他既不抗議，也沒發脾氣，只是以成人的方式看待這則訊息。這是對現況的忠實反應，並對它加以認可。**我們該如何接收訊息？用成人的理性還是用孩子氣的邏輯去抗議，要求現實對自己破例？**

此時，信仰的角色可能會出現問題。成人的信仰在面對世事無常和神啟之間，存在一個互相矛盾的缺口。無常（arbitrariness）和天佑（providence）看似兩個對立、不相容的概念，然而，一旦用了「和」這個連接詞之後，缺口便會消失。也就是說，我們既被抓住，也沒被抓住，我們被際遇所支配，也被際遇所包容。信仰無法刪除或簡化人類的經驗，卻能透過相對事物共存的矛盾和反合性，使人生的經驗更加豐富。自然是難以預知的，自然界的一切會朝著和諧而一致的完美境界運行。我們在邏輯學中學到的非A即B，在信仰體系中可以同時存在，不必二擇一。

我們都被慈悲層層地包裹住。

——英國詩人霍普金斯（Gerard Manley Hopkins）

對哀悼功課的恐懼

含著淚，我們仍須鬆開這張編織多年的愛之網。

——亨利．金恩（Henry King）

人類生存所處的狀態，通常會發生痛苦和失去。這整本書都在告訴我們，因為失去而感到悲傷，是一種正常、健康的態度。我們常因為害怕而不願放手，也不願面對接下來的發展。所有哺乳類動物都會感到悲傷，人類更是從二歲起就具有悲傷的能力。因為悲傷會帶來椎心之痛，所以我們很自然地想要避免；我們會哭、尖叫、感到難受、感覺愈來愈糟，但似乎做什麼都改變不了事實。這種經驗會一再地出現，你的心情也隨之大起大落。心中哀淒，就像走在一條崎嶇不平，充滿悲傷、恐懼與憤怒的路上。

有一回在舊金山，我跟朋友走在擁擠的唐人街上，突然聽到路旁一個孩子發出驚天動地的呼喊，令人脊骨發涼。我順著聲音的來處尋找，以為發生了可怕的家暴事件。找到那個哭泣的小孩後，我發現他哭得那麼悲慘，是因為玩具被妹妹搶走，淒厲的哭鬧聲似乎與他蒙受的失去不成正比。我在那一瞬間突然有個體會，便跟友人說：「如果要為任何一件東西被奪走而哭，就應該這麼哭！」**從那時起，我便如此哭過很多次。**

悲傷難過，是我們在失去時的自然反應，這是天生的。害怕失去，是因為害怕隨之而起的感覺，包括悲傷、生氣和恐懼。我們不敢面對失去之後的悲傷、事情發生時的氣憤，也不敢面對失落無法彌補、最後還沒有慰藉的恐懼心情。我們一旦愛了，這些情緒都必須體驗，也一定會嘗到不同形式的失去。如果你害怕感受悲傷的情緒，拒絕打開內心之門，就等於拒絕開放自我，不願開啟那顆為愛恐懼的心。這些情緒都是生命活力的基礎，在我們排拒悲傷情緒的同時，我們生命的活力也會逐漸萎縮。

害怕悲傷是可以理解的。我們的自我觀念和孩提時代的健全發展，都建立在父母親的存在和愛的基礎上。我們需要親情依附，一旦喪失，心裡會出現缺口，這時要承受的悲慟非常巨大，而孩子的悲傷系統還沒有成熟到能妥善處理，所以我們會感到驚恐、無助和孤立無援。這些圍繞在悲傷周圍的情緒會變成我們身上的細胞，與悲傷畫上等號。我之後如果我們再度感到悲傷，甚至在預見悲傷出現時，早期的恐怖印象就會被喚醒。我們現在會害怕面對悲傷，是因為它讓我們感覺自己又成了沒人要的孤兒！所以，我們的功課就是在傷心難過的同時，也要把幼時的傷痕、挫折與失落通通放下。只有這麼做，我們才能面對當下的悲傷，從而讓愛進入原本只有悲傷、憤怒與恐懼存在的悲傷組合裡。願意拿出誠意和勇氣面對這些不愉快情緒的人，為愛創造了空間，讓恐懼過去後，幸福感便能找到歸屬。

大部分的危機都跟失去與恐懼有關。你也許會注意到，處在壓力、危機或情緒低落的狀況一段時間之後，身體會出現恐懼反應。你並沒有特別害怕什麼事，但你會覺得腎上腺素迅速分泌。這也許是你不久前才經歷過的恐懼的一部分，而且這個感覺會與你之前感受到的悲傷或憤怒結合。恐懼會自動召集這些情緒，不管我們同不同意讓它發生。這個似是而非的概念，就是佛家講的「不逃避的智慧」。

從小學時代開始，學校就教我們要意志堅定，熬到勝利的那一刻為止。只是，「永遠當贏家」並非世間的常態。有時候不管怎麼努力，都不能保證得到你想要的結果。「我下定決心要讓他回心轉意，可是他就是不願回到我身邊。所以，即使我的心意再堅定，結果也不會改變。」這時，自然法則會現身，向我們宣告：「現在不是你要什麼就給你什麼的時候。」當這種情況發生時，我們最好放棄堅定的信念，因為這樣才能避免威力相當於決心的悲傷出現。「堅持不放棄，屹立不搖」這句話可能是那些害怕失去、害怕嘗到失去後的悲傷的人發明的！你看到的勇敢，很可能只是為了掩飾恐懼悲傷而戴上的面具。

藏傳佛教的導師創巴仁波切對於「沒有選擇的態度」做了如下闡述：不必固執己

見，而是敞開心房，接受宇宙對你做的事。他說：「沒有選擇是指沒有轉圜的空間，也沒有回頭路可走。當你無路可走時，並不表示你失去自由，只是表示你能把事情看得格外清楚。一旦沒有選擇，你就知道該放棄了。放手之後，你會感受真正的富足與力量，也只有這麼做，你才會認識真正的自己。因為你最後一定會領悟，空間不必從杯子裡尋找，因為這個經驗已經為你創造了空間。空間無所不在。」

讓空間出現，把自己置於其中而不刻意填補，需要真正的勇氣。執行這本書提出的改變計畫，你便能具備這樣的勇氣。

> 心是不會破碎的，因為心本來就是柔軟而開放的。會破的東西都是因為外表有自我保護的硬殼，因為不願承受痛苦而把自己包覆起來。當我們的心衝破這層硬殼，雖然會覺得刺痛而脆弱，卻是憐憫自己與他人的開端。
>
> ——約翰．威爾伍德，《平凡的魔術》（*Ordinary Magic*）

恐懼與自我

> 我的生命目的是創造更多意識。人類存在的唯一目的是於全然的黑暗中點燃光明。
>
> ——榮格（Jung）

我們的自我是意識與理性的生命中心。自我的運作功能，可以幫助我們達成人生目標；但是當自我開始阻礙或扼殺我們的目標時，它就會變得喪失功能而且神經質。精神官能症的背後都隱藏著沒有得到妥善處理的恐懼。「神經質」是指對於已經不再具有威脅性的事物，一再地出現過時的自我心理防衛，也就是榮格所謂的「被不實際之事擊潰」。因此，不正常行為和來自神經質的選擇，都是基於恐懼。

自我這套機制，讓你相信自己與眾不同、具有自主權，並有脫離生命規律的特權。新時代經典《奇蹟課程》（*Course in Miracles*）提到：「你啟動了這套機制的選擇，會讓它運作地更持久。」神經質的自我有兩種極端的展現方式，一種是自負與誇大，另一種會顯示出卑微而渺小的受害者姿態，都是非常極端的情況。恐懼與兩極化的二分法，都會導致功能性的自我[1]失常，它們是讓自我變成自我誇大或自我貶抑的推動力。

靈性我（Self）被榮格稱為「神的原型」（the God archetype），是整個心靈中有意識與無意識的中心。靈性我是「客觀的心靈」，它雖不受個人性格（自我）所限，卻需要自我的存在才會完整。我們的靈性我，是人人皆同的，它包括無私的愛、恆久的智慧，自我療癒和療癒他人的力量。所謂的心理成長，就是讓「自我」臣服於「靈性我」，讓我們的思想、言語和行為呈現愛、智慧與療癒力量，使我們在有限的人生裡，展現不朽的愛、智慧與療癒力量。至於我們的靈性成長功課以及人生目標，便是讓這個歷程有所進展，並留心領受讓我們成就此歷程的天恩助力。

我們都知道，在靈性的旅程中，我們能有效地整合自己，同時享有功能正常的日常生活。而我們的心理成長工作，就是卸除神經質的自我，讓功能性的自我恢復，有利於靈性我的展現。只有功能健全的馬（自我）才能回應風（上天的恩寵），繼續前行！從自我中心表現出的行為，是基於錯誤的前提，誤認自我是心靈的核心，事實上自我僅是意識的中心而已。這是沒有認清靈性我的原型、反被迷惑的結果。健全且個體化的自我，能夠接納靈性我，也認可靈性我帶來的力量，不再試圖佔據心靈的中心，讓愛、智慧與療癒得到應有的地位。

聖十字若望（St. John of the Cross）曾說：「飛快地，我被完全拆解，沒有一絲保留。」這是神經質自我應得的真實命運。要達到身心完整，關鍵在於讓神經質、帶著恐懼的自我完全解構，再重新建構不害怕靈性我、依循靈性我而行的自我。因為靈性我就是愛，所以自我便對愛產生恐懼，這對我們的人生挑戰來說，真是個明顯的諷刺。

出於自我的愛（ego love）受到恐懼所制約，總是害怕得到的比較少，也渴望擁有更多。只有無條件的愛，才能讓人們融合。人際關係是破除控制欲和特權幻覺的最有力

1. 編注：自我有兩個特徵，功能性的自我（functional ego）具有基礎有力的行動原則，讓我們作出智能上的評估與判斷，適當地表達感覺，並善用技巧與人交往。神經質的自我（neurotic ego）則會驚慌、想要控制、過度期待、誇大感受，並認為自己應該受到特殊待遇。詳見作者另一著作《回歸真我：心理與靈性的整合指南》（2012，啟示）。

的工具。親密和愛能讓我們從自我中心的世界得到釋放，不再自我捆綁。與他人共享親密關係，能讓我們變得完整。愛是使彼此個體化的過程。被愛與愛人，讓我們進入另一個世界，在這個世界裡，在彼此的擁抱中，自我會除掉傲慢的外衣，也不再害怕失去。諷刺的是，失去自我是我們最害怕、最不願發生的事，但失去自我恰恰能讓我們變得完整！我們都聽過這句話：「愛，就是要懂得放手。」但是你有沒有想過，其實我們該放棄的，應該是依附控制又自戀的神經質自我？就像榮格所說：「如果缺乏有意識的肯定與周遭人的友誼，性格不可能形成。」

佛家與西方心理學對於功能性自我持有相同的觀點，都不認為功能性自我是與生俱來的，而認為它是從我們與他人的關係中衍生而成的。我們所稱的認同，是從過去到現在與環境互動後不斷形成的信念，經過累積和內化後的結果。然而，我們被自己的心智矇蔽，誤以為自我是恆定、不會改變的完整實體。自我認同感是東西方心理學的重要主題。佛洛依德學派關心的是缺乏自我意識，佛教徒則認為痛苦最深的來源是自我意識與認同（自我）的持續不變。史堤．拉文（Steve Levine）曾經這麼說：「身體死亡的疼痛，遠比自我死亡來得輕鬆。」

自我是光明的容器，靈性我則是光明的本體。我們的人生目的就是努力察覺現在被我們視為潛意識的內容，如同榮格所說：「人類存在的唯一目的，是於全然存在的黑暗中點燃光明。」愛與合一（oneness）都是推動靈性我的力量，而靈性我可以藉著功能性自我的行為和抉擇得到體現。

然而，在我們放下身分之前，必定要先擁有某種身分。重點不在於有或沒有自我，而是依照適合發展階段的順序，同時兼容兩者。我們要做的，是建立成熟的功能性自我；我們治療的目的，則是在自我認同的形成過程中出問題時，盡快讓過程回到正軌。我們要擺脫的並非健康的自我，自我的內在表現才是我們針對的目標。靈性覺醒的功課絕不是去除真實，而是認清被我們稱為自我的虛幻本質。達賴喇嘛說：「這看起來真實、具體、獨立、自主，而我在其影響力之下，實際上根本不存在。」

我們的本意不在摧毀自我或靈性我，只是要打破隔開兩者的界線。自我是一個成功釋放潛意識的英雄，這個歷程如同離開伊甸園（全然用意識掌控的世界），接著是經歷潛意識的探險旅程，最後進入永遠的家（天國或西方極樂世界）。自我與靈性我代表的是同一原型過程的不同經驗層次，如同聖保羅（St. Paul）所說：「可朽的本質是為不朽，可死的皮囊是為永生。」浮誇不實的自我，最害怕的就是真正的自大。

當自我受到權力欲、陳腐教義、掌控他人之力以及信仰所驅使時，它會大膽地冒充為靈性我，以為特權、眾人的愛戴與服侍都是理所當然的！這些期待都是從恐懼而生。我們為了圖利自己而操弄環境，這或許會成功，也因此長久以來，自我都是靠著操控的方式安然無恙，甚至還能在適當的階段持續成長。事實上，自我會變得更強大，是因為它害怕在面對靈性我時，被靈性我所吞沒。除此之外，「放下」意味著在整合自我與靈性我的過程中所獲得的成長。我們要先有自我，才能放下！如果我們的自我因心理防衛瓦解而「失敗」，那麼我們就會一直停留在神話學大師約瑟夫．坎貝爾（Joseph Campbell）描述的狀態：「所謂地獄，就是卡在自我裡。」

如果自我不配合這個過程來達到我們想要的結果，我們就難以進入個體化的階段。這的確需要花時間，需要靠著上天的恩寵與努力，騎著風馬才能到達讓本我駕馭自我的福地。美國詩人羅拔．布萊（Robert Bly）在《鐵血男兒》（*Iron John*）中寫道：「如果你什麼都不做，靈魂也不會動；但如果你願意砍柴，靈魂會讓火點燃；如果你造了一條船，靈魂會變成一片海洋。」靈魂究竟有什麼作為？它揭露了人類心靈的神聖核心：靈性我即為性格的中心。這令我想起羅馬人口中的 Amor fati——對命運之愛——也就是「以熱情與任何狀態共處」的能力，無條件地接受人世間的狀況。最後，我要講的弔詭就是：讓那匹接納無常的馬，載著我們超越世間的無常。

恐懼的過去：細胞記憶

以繁星為飾，我們將永久安坐，
睥睨死亡、命運與汝，時間啊。

——英國詩人米爾頓（John Milton）

紐約州首府是阿爾巴尼、美國第三任總統是傑弗遜、夏天在春天之後來臨、我上的是哥倫布小學……等，這些是根據事實形成的記憶，不會在你的身體引起任何的情緒反應。這些都屬於在脖子以上，也就是腦袋裡裝的已知事實。

然而，事實與經驗的「細胞記憶」會把身和心連結起來：我的身體記得小時候誠實表現情感卻得不到肯定，聽到甩門聲表示父親醉醺醺地回家了。我們也許會忘掉當時發生了什麼具體事件，可是身體的反應會留下來：「砰！」地一聲，會帶來恐懼。

在我們內心深處，時間是靜止不動的。過去發生的事會一直持續到此時此刻，這即是德國哲學家海德格爾（Heidegger）名言「可怕之事早已發生」試圖指出的重點。舉例來說，早年失去所愛之人使我們震驚，對心靈造成重大的打擊，而且這股後勁會一直延續，使我們生出莫名的恐懼感，好像當我們深愛某個人或某樣東西時，終究會失去所愛。我們對愛的體驗，一直跟失去和遺棄的可能性牢牢地繫在一起。這種本質上毫無理性的恐懼，以及身體會對其產生強烈的迴響，都是指向語言發展之前的線索。

事實上，當我們處於驚嚇或危機的時候，經常會回歸自己最深的恐懼，相信自己無力因應。無力感的出現，表示我們面對的是孩提時代存在的某件事。我們成人的一面會摒除這種缺乏理性的想法，在面對莫名恐懼時也能迅速拾起力量來面對，但是，我們的兒時細胞記憶卻不具備這些技巧。你可以做一個練習，把手心攤開，平放在身體恐懼感覺最激烈的部位，然後以撫慰的口吻跟自己的內在小孩對話。只要簡單地將年代久遠的痛苦感投射出來，便能大幅降低痛苦的程度。

另一方面，如果你已經處理好童年事件，那麼這件事最後就會變成簡單的事實，你只會**記得**它，身體不會再因此事而躁動不安。當你做到這一點，你就會明白事情已經被徹底地吸收、接受，變成不會造成情緒起伏的事實。禪宗說：「豁然開朗的行為，不會留下蹤影。」

我們喜歡停留在大腦的原因，是因為事實性的記憶可以帶給我們安全感，讓我們不會出現強烈的驚嚇反應，也不會受到痛苦折磨。愈朝著理智靠攏，你就遠離身體愈遠。想像一座蹺蹺板，你可以把恐懼感往上抬高，讓它合理化，也可以讓它降到身體的最底層。這裡才是你獲得療癒的管道，你必須完全體驗恐懼，之後才能夠處理它。倘若你不斷替自己的感受合理化，你將無法得知感受的各種樣貌。

人在恐懼時會分泌腎上腺素，這個反應對大腦造成的其中一種影響，便是登錄到記憶中。當你第一次被某件事嚇到，使你感到害怕的刺激會從此將你制約，可能讓你終生都懼怕它。有時候你會因為現在的某種刺激，而引發兒童早期的恐懼感。你的心裡也許不記得當初引發恐懼的肇因，然而被腎上腺素留下印記的「訊息分子」永遠會記得。當這些訊息分子啟動時，你即刻進入恐懼模式。你自己也不知道為什麼會有這樣的反應，因為這樣的結果並非出於你的主動，而是透過沒被你察覺的刺激，連結到一段記不得的過去。

這種自發的反應，正是神經質恐懼的源頭。「神經質」意味著反覆與不真實。我們現在害怕的某事，其實只有在過去才會對我們有危險性。也就是說，不再需要害怕的事，我們對它的恐懼卻依然還在。美國存在心理學之父羅洛梅（Rollo May）曾一針見血地說：「自由端視你能否在刺激與反應之間喊暫停。」如果無法暫停，我們就不能處理恐懼。專注於我們的感覺，當然也是具有療癒效果的暫停。

有時，你覺得一切都很順利，卻還是感到恐懼感上升，讓你摸不著頭緒。這得歸咎於你的細胞記憶。早年生命中沒有被處理的恐懼感或議題，會一直潛伏在你的身體內等著現身，就跟議事大臣在前廳靜待被召見一樣。

皇帝一直不願意聽臣子上奏，不過時間已到，宮殿前的門已經打開。這幾年你忙著疑心配偶發生婚外情或擔心孩子吸毒，你可能無暇去傾聽那些過去的恐懼，因為你全部的注意力都放在更需要解決的事情上。現在天下太平，你就有時間處理等待好幾十年的訴求了。**你是不是因為這個心態，才把電腦桌面塞得滿滿的？**

特定的恐懼都會找個籠統的「資料夾」待著。當你遭逢失落，哀傷的反應會出現，之後每一次的哀傷都會開啟並寫入細胞的哀傷歷史程式。程式裡的每件事都會開啟，事情也終究要得到解決。你因為某人過世而感到悲傷，你在悲傷的同時也會想到，當所有孩子都離開之後你不知道會有多孤單，這個想法讓你不自覺地感到恐懼。你問自己：「這個想法從哪兒冒出來的？」恐懼的出現原本只跟死去之人有關，可是它又去掃描你當下與過去感受到的所有恐懼，再附著於其中某個恐懼經驗上，然後再找個資料夾進駐其中。這些資料夾的時間都很久遠，檔名也很原始：「一切都沒了！」、「以後沒希望了！」、「我毀了！」、「我很孤單，沒人安慰我。」

舉例來說，「他們要來抓我」並非真正的恐懼。這種恐懼可以被界定在妄想與失去理性之間。處理這種恐懼的方法之一，就是注意到這一點，並且說「喔，我知道自己現在正待在『他們要來抓我』的資料夾裡」，然後正常過你自己的生活，不必做出任何阻止「他們」的舉動，因為本來就沒有什麼在你後面追。當你不作反應、不理睬他們時，就沒有什麼事值得讓你安慰或分心了。你只是讓恐懼留在原地，直到它被下一個刺激取代。當你的檔案不再鍵入新的內容，它就會自動關閉。

這些原始的恐懼正是我們愛看電影的基礎。劇作家和導演都在找尋這樣的資料夾，因為裡面放著每個人與生俱來的、直覺的、根本的、最原型的恐懼與情感，它們隨著電影情節而開啟，才會讓我們因為銀幕上的演出而深受震動。戲劇與電影之所以生動，也是由於裡面的角色想追求某樣東西，卻有其它人或事的阻撓，讓主角得不到他想要的，衝突便由此產生。這個障礙是一道守門員，考驗主角達成目標的決心。故事都會從知道自己想要什麼東西開始，而後確認目標、回應衝突的過程都會創造出生氣蓬勃的能量。恐懼則會阻礙、截斷我們充沛的資源。

恐懼也會妨礙我們，讓我們不知道自己想要什麼。比方說，你在這段關係中想得到什麼？如果答案是「性」，那可能是你害怕去瞭解自己真正想要的東西，也因此，想被摟抱、被關愛的要求也會讓你開不了口。恐懼也會阻撓你進入、解決情感關係中的衝突。你最後也許會選擇放棄這段關係。雖然採取防衛行為讓我們表面上看起來比較輕鬆，但這種類型的恐懼會斬斷我們的活力。

如果多數的恐懼確實會儲存在細胞裡，那麼我們可以合理地認為，光用想的並不能讓自己擺脫恐懼。你不能說：「既然我已經認清或親身經歷了這件事，我想我以後應該不會再害怕它了。」存在於身體每個細胞內的恐懼都能自行啟動，你沒辦法用理性控制它。「這次我已經學到教訓，在下一段關係中我會知道不必害怕被拋棄。」可是不論你學到什麼教訓，害怕被拋棄的想法依舊會出現，因為這個不是屬於大腦／心智（brain/mind）的反應，而是身體／心理（body/mind）的反應。

有時你會有反應，但是自己完全不自覺。你的理性會提供很多理由，讓你繼續害怕親密感或給予承諾，你甚至不會用「害怕」這個字眼，而會說：「他老是笨拙地摸我，我覺得很不舒服。他每分每秒都黏著我，讓我感到很不自在。他想結婚而我不想，這讓我感到不安。」

再以慣性的防衛為例，這是自我的核心特點。當某人給你回饋的意見，你馬上會提出解釋來維護你的立場。你會試圖合理化你的行為，向別人證明你是對的。每當有人針對你的行為提出回應、評論、批判或抱怨時，你總會習慣性地講出一些話。這種行為可能是來自細胞的反應。這是自我因為害怕所做的自衛。在「認知被攻擊」和「反射性防衛」之間，你沒有喊停，而是感到恐懼，深怕被發現自己做錯事時，會不再被愛。當你出於害怕，本能地往下跳時，結果就是死路一條。自衛性的言論也是細胞內恐懼感的展現。此外，恐懼感會阻礙、損害原本清晰的思路。你一方面忙著辯解，另一方面你也沒辦法真的想清楚，因為恐懼感在從中作梗！

當朋友說：「坐進車裡之後，請你門不要關得那麼用力。」你可能會回嘴：「我坐自己的車就是要這麼用力關，所以我習慣了。」這句話你可能是來不及想就自然地從嘴巴裡說出。在這個情況下，你也許可以再加一句：「其實我是害怕。」能說出這句話很勇敢。「我害怕聽到任何語帶批評的話，因為這可能表示你不喜歡我。你看，我的反應這麼原始！」要在刺激與反應中間製造停頓的空間，方法是**說出每一句防衛性回答之前，加上一段真實感受**。對健康的成人來說，說出真相是你唯一的防衛與最佳的資源。

被壓抑的痛苦

我們大部分的恐懼在早期的恐怖事件發生時，就登錄在我們身體之內。那些經驗將我們的恐懼定型，我們便透過細胞不斷地感受這些無名的恐懼。有些早期的人生事件影響之鉅，會喚起你發出痛苦或哀傷的尖叫反應。如果你生長的家庭不允許或不鼓勵你表達情緒，導致你在應該尖叫的時候，必須強自把它悶在心裡（被悶住的反應以後也許會固定下來，成為常態），你可能就會想辦法把事件的影響力降到最低，讓你不管多痛苦都能不尖叫。

被遺棄或被漠視的影響非常大，可是你的心理在評估這些事件時，會有所壓抑，如：「不管怎麼說，爸爸工作很辛苦，沒辦法再花精神陪伴我。媽媽自己的問題夠多了，沒時間陪我。」這些可能都是自我保護的說詞，避免我們去承受原始事件的全部衝擊。在被漠視的家庭裡面，我們內心想發出令人血液凝結的尖叫，但它是一定要被壓制下來的。理性的介入，反而會使我們所受的傷害加重，因為我們用理性告訴自己，這種「傷害」不是有意的。

「不是有意的」這句話，我們的身體完全無法理解。身體不知道人腦中的意念，像是：「噢，媽媽走了，她離開是因為她承受很大的壓力。我真的不認為她是拋棄我，她是不得不這麼做。」你的理性聽得到這些解釋，可是身體不知道，因為細胞只關心發生了什麼事，你身體的每一個細胞都感覺被拋棄了。也許你不斷地把內心正在尖叫的音量調小聲，不讓外界聽到，調到最後連自己也聽不到那些尖叫聲了！

這都是孩提時代或成人關係中會發生的。你現在用理性、清晰的頭腦去對待過去某段關係中慘遭背叛或離棄的事件，它原本會讓你因為痛苦而放聲大哭，只是你知道放聲大哭不被接受，所以它就變成另一個無聲的尖叫。

喊不出來的尖叫依然想發聲，一直壓制它會讓你的身體彈性愈來愈小，也更不自在、更緊繃。因為考慮別人的處境，或是為了想把人留在我們身邊，我們做的所有調整，都可能是阻止情緒火力全開的消音器。你現在也許就在大哭，只是你不知道而已。我現在寫出這段話時，能感受到一字一句背後深沉的痛楚。艾蜜莉・狄金生（Emily Dickinson）的詩作對此有精彩的描述：

希望破碎，無聲無息
毀滅來自內心
狡黠地發生，不發一語
沒有證人……
否認傷痕的存在
直到傷口擴大，將我一生吞噬
留下無限的空虛……

真相會傷人，所以人們打從心底不想知道真相。當事情發生、你立刻受到衝擊時，與其替別人做善意的解釋，不如自己先承受衝擊的所有力道，直接反應：「這樣的背叛太可怕了！」這便是事情的本質，只不過承認被人背叛會讓你感到痛苦。痛苦是一種閃避調整器，把人的行為方向調整到「今後不再感到痛苦」。你會想：「只要編一個故事來解釋這件事就可以了，比方說『他不是有意背叛我的』。」這麼一來，你就能保護自己不再受痛苦情緒的折磨。把放聲大哭的音量往下調，這樣你會感覺比較好。事實上，這麼做反而是在否定自己。

學到如何讓痛苦消音的方法後，我們在接下來的人生中將會一再地欺騙自己。因為如果我們允許自己知道真相，一定會痛不欲生、難以忍受。真相使你產生嫌惡的心態，自我欺騙則強化了這種心態。這麼一來，我們將不再對自己說出真相，也不再表達真實的感受。

如果藏在我們內心深處那個害怕的小孩，沒辦法對我們說出他過去或現在的惡夢，我們又如何能安慰他呢？**如果我們一再壓抑身體對事件的反應，又怎能傾聽自己的惡夢？**事情發生的當下，要能在想到別人之前，先面對事件的衝擊。小時候我們沒辦法這麼做，以致這些事件一直被掩蓋，日子也接著過下去：晚餐時間到了、準備好該去上學了、把外套扣子扣好……中間沒有暫停的空間，讓你自由地體驗合理而完整的感覺。

當別人找藉口為他們的行為開脫時，你可以說：「我願意聽你想講的話，可是我想先讓你知道這件事對我的影響。」這是一個自我肯定的反應。我先告訴你我的感覺，然後你可以說任何你想說的話和你的本意。每一次，事件帶來的影響，都要優先於事件發生的原因。當我們實踐這項簡單的原則，心裡就不會累積那麼多被壓抑的尖叫了！

當我們找出現在的恐懼和它在人生早期起源的關聯之後，就會發現我們的個性竟然是出於恐懼的設計。**難道恐懼是我們的人生建築師嗎？**

當下的恐懼：在真實與虛假的恐懼之間

馬克白（Macbeth）說：「當下的恐懼沒有我們幻想中的可怕。」恐懼是主觀的，通常是你的主觀意識所相信的，而你恐懼的對象實際上不一定真的可怕。恐懼是身體／心理面對真正或**想像中的危險**而出現的反應。既然恐懼是主觀的，有時就必然是合理的，比如說，當這個恐懼符合現實狀況的時候，我害怕的某件事，的確值得害怕。你養的狗每次看到光頭義大利佬就會上前咬人，所以當你帶著狗來我家，我會害怕是正常的，因為牠過去有這個記錄。我的恐懼還算有個道理，因為我沒辦法保護自己不被狗咬。但是，如果你帶著吉娃娃來我家，我害怕狗是結核病菌的帶原者，這種害怕就不適當，是出於錯誤認知的神經質恐懼，因為既沒有證據、也沒有過去的記錄來支持這項認知。適當與不適當，可以靠過去的記錄來分辨。

焦慮（anxiety）是對於想像中的不明危險的主觀反應，恐懼則是人對某件事清楚地相信它具有威脅性的反應。預知（premonition）是焦慮的形式之一，表示不祥的預感，有某件不好的事即將發生的感覺。這個字來自拉丁文 monitum，原意是提出警告，來自心靈的警告。妄想（paranoia）則是一種錯覺，認為你被迫害，或每件事的發生都衝著你來，包括浮誇妄念（grandiosity），對自己存有過高而不實的評價。

恐懼症（phobia）是反覆出現、不具理性的恐懼感，它會形成一組複雜的儀式來想辦法避開令你害怕的事物。這種反應是後天習得的，也許跟早年發生的某個事件有關。利用一些行為療法可以改善，比如正向增強、減敏法（desensitization）等。減敏法是採取漸進的步驟，讓你面對威脅，與恐懼共處。例如你很怕蛇，所以第一步是先做到聽別人講蛇這個字的時候不會感到不舒服，然後看蛇的圖片，接著看蛇的影片，最後到動物園，站在離蛇十呎之外的地方看著牠……等等。用這種漸進法，你便能擺脫恐懼症。

值得注意的是，在面對危險時，適當的恐懼會技巧地處理這個危險，或讓我努力學習處理的技巧。所以不管我採取閃避或正面迎戰的態度，全視當時能夠處理的技巧而定。若是神經質的恐懼，我既無法有效迎戰，也無法有效閃避。不管我怎麼做，恐懼還是在，我逃不掉，也打不贏，日子更過不下去。神經質的恐懼，在於我們害怕無力處理自己的感覺或軟弱的一面。簡言之，神經質的恐懼並非害怕事情本身，而是**害怕事情發生時的無力感**。我們認為自己沒有抵抗能力，也缺乏資源。在寫這句話時，我的筆停下了，我也要求你停下來：**這些話語承載著痛苦，也讓你覺得非常熟悉吧！**

有項老鼠實驗，是在我們還沒認知到動物實驗很殘忍之前做的。把兩組老鼠分別關在大小不同的籠子裡。一組的籠子空間很小，老鼠在裡面沒法行動；另一組的老鼠可以在大籠子的兩端跑來跑去。實驗者用一樣的方式來嚇唬兩組老鼠，結果小籠子裡的老鼠得了心臟病，另一組老鼠心臟沒問題。結論就是，會傷身的不是壓力，而是無力感，那種沒有選擇、沒有逃脫機會的現實或感覺。

何謂神經質的恐懼？

神經質的恐懼如同貓對水的懼怕：明明沒什麼好怕，貓的表現卻彷彿水極端危險，而難以克服這份恐懼。

神經質的恐懼會把自己偽裝起來，甚至不讓我們知道它的名字。找出本尊的真實身分，就會帶來力量，如同童話故事中侏儒怪（Rumplestilskin）的寓意一樣。神經質的恐懼最大的特點，就是它將它的真面目隱藏起來不讓我們知道，所以有很多化名，包括：難堪、勉強、謹慎、隱匿、壓抑、憂心、猶豫、害羞、不自在，甚至無能。本來是「我害怕去做」，可能假裝成「我做不到」。如果要戒癮，第一步就是承認自己是誰，用真實身分稱呼自己。當我叫出自己的名字時，便突破了偽裝的系統，我把自己的真相清楚地說出來。

要知道你是否隱藏恐懼的方法之一，就是檢視你的消遣。你也許對親密感或親密的對話感到恐懼。有時候，我們的行為、關係或嗜好，都可能是因為我們害怕獨處、害怕失去刺激感、害怕無聊而做的偽裝，只是你絕不會直呼其名。在這方面，我也可能問自己：「我現在選擇的消遣活動，是提供零食給焦躁不安的自我，還是為靈魂準備的糧食？」吃一個甜甜圈和聽莫扎特，你可以清楚地區分其中的差別。如果你餵養的是靈魂，也許就不會被恐懼愚弄。

之前講過，恐懼可能會戴上理性的面具：我們說那些話，都是為了讓自己的行為合理化。這些話通常也都是真的，所以我們很容易被愚弄。合理化等於是另一個獄卒，時時在崗位上守著囚犯，這個囚犯就是恐懼。獄卒的工作很簡單，就是確保恐懼在牢房裡永遠待著出不來。你只要明白，所有的保護措施都是在保護囚犯而不是保護你，一切就會改變。畢竟，獄卒自己也在監獄裡！

邁克・歐弟長眠於此。
他為通行權奮戰到死，
他的目標正確、意志堅定，
然而他死了，正如同他也錯了。

每個人心裡都有一個邁克・歐弟，寧願死也不認錯（其實，會死的只有膨脹誇大的自我）。我們要做的一項功課，就是**在習性中找回自己**。

當你試圖放掉合理化，你可能會發現自己的合理化原來是一個接著一個。那麼，在這些合理化之間有沒有別的東西？有的，這之間還有空間、有吐納、有暫停。這些寧靜所在的暫停與空間，就是你的「真我」（true self），沒有被恐懼和恐懼的合理化影響到。

如果你真的想一睹你的真我，那些父母親要你達成的期望，就必須擺在最後面。你原本想追求的，是他們對你那份愛的關注。這叫做鏡映（mirroring，這份關注是他們在忙於上演自己一幕幕生命戲碼之間的暫停中才能給你的）。最後，你會把這份關注給你自己，這就是為什麼認識自己具有療癒的功能。一個成熟的人，如果他過去的爭取一直失敗，或是沒能順利地從父母親身上得到東西，他會想辦法為自己拿到。我們從鏡中看自己，就是允許自己展現真實面目，這跟受到自我保護的那個面目是相反的。說到底，「防衛」跟害怕是一樣的。**我會暫停片刻，讓頭腦清醒。我不會藉由思考和文字做任何的合理化，而是暫停一下，瞭解我自己想怎麼反應。我會把手伸出來，承認我很害怕。**

神經質的恐懼還有一個特徵，就是相信事情永遠不會變好、也永遠不會改變，這是非常不實際的看法。世界上沒有一件事能維持在恆久不變的狀態，這是顯而易見的。事情一定會變好或變壞、上升或下降、出現、消失，然後再出現。我們經常會害怕改變，不過在這裡，我們害怕的是「不變」！在這個情境中，你認為自己缺乏替代選擇的感覺，意義上跟恐懼是一樣的。這跟活力（lively energy）的意義正好完全相反。活力是指你發現生活中充滿愈來愈多的選擇，而且不會被壓抑。事實上，喜悅來自你知道有替代選擇。比方說，「原本我以為只能這樣，但是現在我知道還有其它的可行性。」這會讓我們興起喜悅和能力提升的感受。喜悅的本質就是能力增強。沒選擇的人傷心，有選擇的人歡欣。

恐懼會剝奪你其它的選項，讓你失去生氣蓬勃的活力。當某人控制你的時候，那人便奪去了你的選擇權，也讓你失去能力，破壞你其它的選項：「用我的方法，沒有別的方法。」如果你再退讓，掌控你的人也將阻礙你對喜悅、力量與活力的感受。你的自信就這樣在神經質的恐懼和受控制的過程當中折損了。自信是你在碰上任何事的時候，都相信自己可以面對的意念。

只要回顧孩提時期，你一定可以回想起大人們試圖壓制你的種種方式，叫你「別做這個，做那個」。或許你能篤定地說，那些事你還是做了，因為「他們阻止不了我」。接著，如果你說現在有什麼事你沒辦法，那麼阻止你的人必然是你自己，因為「他們」不能阻止你。一旦釐清這點，你就知道，主宰你生命的只有你自己，而且你心中還藏著一句「不要！」最後的分析是，**你不是受某人控制的受害者，除非你自己選擇要當個受害者**。美國詩人艾茲拉．龐德（Ezra Pound）說：「等待別人將其釋放的人，就是奴隸。」

神經質的恐懼會像暴君一樣威脅、欺壓我們。這種恐懼也包括堅稱自己該擁有的東西是不一樣的。在生存的環境中要求特權，是神經質自我另一項重大特徵。我希望得到快感，但我害怕承擔後果——恐懼與欲望都會讓腎上腺素分泌，這也許就是所有上癮物質都會導致神經質行為的原因。如果你希望能一直維持焦慮時腎上腺素激升的感覺，有個健康的替代快感，就是保持朝氣與活力！

猶太人的贖罪日儀式說：「可嘆那些不唱歌的人，他們死的時候，歌還在心裡。」活力是一股力量，讓你能夠感覺、放下、帶著喜悅活下去。活力會增加，卻不會用恐懼來增加你的負荷或把你隔絕起來。但神經質的自我就會這麼做，一層一層地像蟲繭似的，裡面包覆一隻被下了咒語、具有純淨活力的蝴蝶。這隻蝴蝶正等著衝出來。這便是詩人霍普金斯所指的：「在深處中，珍貴無比的蓬勃生氣。」

神經質的恐懼也具有妄想的性質，也就是持續出現不由自主或強迫性的思緒。也許讓我感到恐懼的，正是我的強迫性行為，我堅持找到一個完美、能滿足我全部需求的伴侶。我在早年沒被滿足的需求，現在都要強迫實現。換句話說，我追求的是目前根本滿足不了的目標。

在一段關係中，如果你用強制力去追求想要的東西卻無法得到，最後會造成悲劇。你小時候經常不受重視，沒有人聽你傾訴、沒有人在乎你的感受，這可能會讓你瘋狂地尋找並依附在某個會注意你的人身上。但這樣的依附傳達出的訊息，是你在童年錯失的那些，以及你有多需要為這些遺憾而哀悼。只有被你哀悼過、也徹底放下的那些遺憾，才能在成人時期得到彌補。完整的哀悼，讓我們建立彌補過去的能力。沒有經過哀悼的需求，不管怎麼做都不會得到滿足。當這些需求被好好地哀悼過，我們就可以用溫和的方式得到滿足。在這本書裡，我們將一直探討恐懼和閃避哀悼的關聯。

我瘋狂尋找卻抓不住的那些事，表示它們必須被哀悼。但我瘋狂尋找而且也達成心願的那些事，卻會掩蓋住當事與願違時所產生的恐懼。我強迫自己一定要成功，我不斷在工作上與人競爭，這是一種強迫掩蓋相反結果的恐懼——對失敗的恐懼。我的補償性行為正在壓抑恐懼。你也許會對自己說：「害怕失敗有什麼不對？」害怕失敗會讓你失去彈性。人有時成功、有時失敗是自然的，而且我們有能力處理這兩種情形。強烈地認為自己必須達到目的、追求成功的人，在失敗發生時是無力面對的。恐懼感就是對自己處理突發事件的能力感到懷疑。

最符合人性的型態，就是你的船在生命之河的兩岸都能停泊。有時失敗了，我可以應付；有時我成功了，也可以應付。成功不會讓我得意忘形，變得傲慢自大；失敗也不會讓我的自尊完全毀滅，變得失意沮喪。某件事獲致成功，表示我的潛力充分發揮，我在某方面有潛力，而我也完全地將這份潛能啟動。害怕成功就跟害怕激發你全部的潛能一樣，就是害怕擁有力量。最令人氣餒的恐懼感，就是害怕做你自己，害怕做一個不一定要迎合他人標準來獲得認可的自己。看看狄金生的詩：

我們從不知自己有多高，直到有人要我們起身。
要是我們認真計畫，我們將與天齊高。
我們歌誦的英雄氣概便不足為奇，
莫使心中的尺彎曲而唯恐成為人上人。

為什麼找到真實的自己會令我們害怕？首先，要擁有真正屬於我的力量，我必須更有責任感。其次，我從一些很細微的地方注意到，當我在任何方面表現獨特時，人們會覺得我很奇怪，而且，一旦我掌握自己全部的力量，我將會變得獨一無二。當這二點放一起時，表露自己的力量反倒帶來不安全感。

每一種神經質的恐懼都其來有自。小時候經歷過不安全的事件，之後才會衍生出神經質的恐懼。神經質的定義，包括對於現在已不存在的刺激會出現重複而過時的反應。舉例來說，以前你被父母親留下來孤單一人時，你會心生不安。在令你恐懼的時刻分泌出來的腎上腺素會標記下來，把過去的孤獨感與現在的被遺棄感結合。如前所述，在自我的安全防護下面，是一層原始的恐懼，每一回的恐懼都會累積在此。比方說，你正一個人站著，感覺自己被迫站在火車站裡空等。你認為朋友不再愛你。這起小事件引發你內心深處被遺棄的感覺，直到朋友緩慢出現，你也安心了，只不過這種情緒轉折似乎太小題大作。你猜想，這是因為某個已經過去的事件再度浮現的結果。我們原本認為已經被深埋於心底的恐懼，其實根本是位在最淺的墓地。

我望向窗外這個污染嚴重的沙漠城市，看到無花果樹與石榴樹，就知道樹木在這種環境下絕不可能像在其它地方一樣滿樹生花、結實纍纍。也許只能擠出一些果實，但一定不會又大又多汁，即使這些樹種天生可以做得到，但他們得不到原本需要的雨水和乾淨的空氣。花草樹木不必完全展現本能，宇宙還是會給予他們生存的機會，對我們人類也一樣。即使不全然做自己，宇宙也會讓我們過完一生。唯一的差別在於，我們可以為自己澆水，改變我們呼吸的空氣。有時候，我們整個季節都不肯為自己澆水、也不改善空氣，有些人甚至一年四季、終其一生都沒有採取任何行動。

同時，宇宙也不會任憑我們繼續逃避做完整的自己。我們的生命期待著完整合一（wholeness），而在進入完整的境界之前，解除恐懼是必經之途。艾瑪・榮格（Emma Jung）曾說：「內在的完整性、要求我們去完成未竟之事。」那些使我們心生恐懼的人與事，會不會是協助我們內在的完整性、讓我們正面迎擊恐懼的核心？這就是完整性所要求的方式嗎？這會不會是最根本、最可怕、也最能釋放的一致行動：發生在我身上的每一件事，目的是不是都在揭露、治療恐懼的核心？

我把這個人引進我的生命當中，讓我看見隱藏起來的恐懼。我們會一直遇見某些人，因為有他們，我們不得不去面對被我們否認的靈性我。我們連作夢也會一直夢到象徵性和戲劇化的人物替生命中尚未實踐之事發言。這個功課日日夜夜都在進行，一部分要靠我們自己，一部分則得力於其它助力。

在希臘古城塔那格拉（Tanagra），每年都會舉辦赫密斯（Hermes）的盛宴儀式。一名年輕人扛著公羊繞城一周，身後有捧著鮮花與焚香的人列隊跟隨。這項儀式是紀念化身為牧羊人的赫密斯，在整座城遭到圍困時揹著羊繞城的事蹟。他象徵著將城市帶往安全之境的承諾，他也確實做到了。赫密斯是天神的使者，天上與人間的媒介。這是把恐懼經驗外部化，使之成為健康儀式的例子。

當時塔那格拉城裡的人遭受外來攻擊，又無力守城，感到萬分驚恐，當他們看到赫密斯把全城扛在背上時，認為這會讓所有人士氣大振，足以彌補物質上的不足。此時，靈性世界撼動了物質世界，因此天神說：「你們的力量有限，需要協助。我便是你們更高的力量，現在有我扛著你們。你們大可放心，會活下去的。」

與恐懼合為一體的功課，有一部分是我們做不到的，只有周遊世界的好牧羊人才做得到，因為他擁有我們缺乏的能力。如前所述，自我無法包辦所有的功課，還需要另一股勢力的加入。這股勢力，能量大到足以讓事情在看似無望時起死回生。這股力量有各種不同的稱呼：上天的恩寵、更高深的力量、靈性我、宇宙、靈性。

故事與靜默

「發自內心的靜默」是我們常聽到的措辭。這裡的靜默究竟指的是什麼？當我們人性的本質跟宇宙的本質吻合的時候，就是靜默。此時，人為的戲碼會變成是邊緣的，是背景而非主題。當我們的靈性我成為焦點時，充滿寂靜與明智的靜默之門便會開啟。處在這種狀態，我們會欣喜地發現，我們的生命已經大於自己的故事。故事屬於自我，而我們的靈魂擁有靜默。

自我有很多條神經質的線：恐懼、欲望、評判、羞恥、責難、期待，以及執著結果。這些線被自我拿來織布，一方面讓我們分心困擾，同時也娛樂我們。要找到靈性我，必須回到只有原貌與真實的靜默之境，脫離自我的戲碼。這就是所謂的「凝神歸心」(being centered)，不是指不需要生命故事，而是不被生命故事所主宰。我可以安靜、公正地見證自己的人生，就如同多看新聞標題和報導本身，而少看新聞評論！

功課　用一則老掉牙的故事來練習

試著用一個你常講的故事，做下面的練習。也許你曾經利用這起事件博取他人對你這個受害者的同情、激起聽者對另一個人的敵意，或者是把自己的不幸向別人傾吐。這樣做也許會讓你陷入自己的戲碼當中動彈不得。要找到通往靈魂的靜默之境，請依照下列四個步驟進行：

1. 先感受潛伏在故事某處的三種感覺：悲傷、憤怒與恐懼。舉例來說，如果你以前只感到憤怒，現在也讓你心中必然存在的恐懼與悲傷出現。
2. 接受事情已經發生的事實！

3. 容許自己憐憫故事裡的所有人物，包括你本人。
4. 替你的故事與你的命運找到心靈的聯結：這件事如何幫助我更接近我命中註定該變成的人？

完成這些步驟之後，看看你的故事有沒有發生以下的改變：

- 你講的故事聽起來不太一樣了。
- 不再有非講不可的必要了。
- 故事裡有幽默了！
- 如果三點都有，表示你解決了一件事，也前進了一步。（如果沒奏效，就再試一次！）

「活在當下」並不會變成寂靜主義，而是讓我們啟動，如《薄伽梵歌》所描述的：「一個喜悅之人，超脫所有完成與未完成之事。我在所有的世界裡沒有功課。我沒有什麼要取，因為我擁有一切。我工作，但在工作的契約中我保有自由之身，因為我在其中沒有欲望……當我脫離欲望……世間的聲音與意念都消失無蹤。我不受思想所困，因為這是我的。」

我們一生的功課，就是使自己無意識的部分（包括個人無意識與原型）融合進入意識。在旅程當中，我藉由痛苦成為英雄。經過試煉的自我會變得更加豐富，再也不會驚恐或被約束，也就是既自我中心（ego centric），也偏離中心（ex-centric）。美國現代主義詩人史蒂文斯（Wallace Stevens）說：「十一月，當樹沒了葉子，變成明顯的黑色，我們才會發現古怪是設計的根本。」

不再受恐懼與欲望（自我中心）制約之後，我們活在與更高層靈性我的和諧當中，並且以高層的靈性我為首。這代表我們已經請自我從主宰的位置退下，讓創造意識（creative consciousness）繼續前進。當我們陷溺於心中某個形象時，會打斷創造意識的流動，自己也因而變成附屬品，被困住而動彈不得，使創造力就此打住。對立之物絕不可能同時存在，否則會使我們分裂。精神官能症的起源就是如此：內在的分裂。相同的情況放大到世界當中，戰爭就會爆發。

適當的恐懼

神經質的防衛會壓抑你，最後使你再度感到恐懼。偏執、衝動、理性化、否認等，都可以說是神經質的防衛。當你陷入其中時，你會對自己的感覺加以否認，閃避某個威脅或是對威脅出現過度反應。健康的防衛讓你得到釋放，你也會更有能力有效處理未來可能發生的每一件事。神經質的防衛箝制你，健康的防衛則是解放你。所謂健康的防衛，舉例來說，就是清楚你自己的界限，你可以說「哎喲！」、「住手！」或「你不能對我這麼做」，這些是健康的防衛。不健康的防衛則譬如「我會繼續忍受虐待，不會抱怨」、「事情不是這樣的」或「我一定會找她報復」。

如果恐懼是適當的，你一定會有別的選項。找不到出口，表示你的力量被削減，也表示你看不見事情的全貌。在健康的恐懼當中一定會有一個選項，那就是起而奮戰，而不是束手無策、全盤接受。你的選項也可能是堅守陣地，不放棄自己的版圖。你大可不必停留在恐懼的道路上，而是另尋小徑，你會因為發現這條小徑而感到歡喜。大可不必讓自己處於痛苦中，不必感到害怕，你可以找到出路的。

在健康、適當的恐懼中，恐懼是對你的警訊，但除了給你警訊外，恐懼還有更多功能。想像你是某個小城市的市長，某個夜晚你正在睡夢中，街坊傳信人突然來敲門，說：「請立即前往岸邊！發現敵軍的艦隊正朝本市駛近，我們得想辦法回應，也許要趕緊通知全市，讓全體市民開始動員。」如果你睡得很熟，傳信人要大聲喊叫你才聽得到，如果你很容易醒過來，馬上就能收到訊息。這名傳信人告訴你迫在眉睫的危險，如果你相信他，你會跟著他到岸邊，朝黑暗的海平面望過去，看到高懸著黑色令旗的敵艦前來攻城。傳信人已準確地讓你知道危險來自何方，現在你可以擬定計畫，先號召其它市民，再策畫非暴力的抵抗方式。此時，達成任務的傳信人，身分便轉為普通市民，然後在受到你的徵召之後，成為你的盟友。

請把這個類比用在恐懼上面。恐懼是通知你有緊急狀況出現的報信人。處於熟睡狀態表示你沒有危險意識、不開放、不相信、或擅長將事件做合理化處理，因此恐懼的力道必須更強（必須大聲呼喊才能讓你聽到）！適當的恐懼，它的身分剛開始是傳信人，其次是帶你發現威脅之所在的引導人，其三再成為你的盟友。一個健康的人，自會留心報信人的信息。神經質的反應則是否認報信人的存在，否認報信人講的任何話，也不到外面去察看，只待在原處繼續熟睡，直到敵軍將整座城市掃平，也將你擊垮。

為何抱著恐懼不放？

我用來保護自己的盔甲，
成了我難以發揮全力的阻礙。

有時候，神經質的恐懼是為了保護「自我」，阻止自我發現它的雙胞兄弟「無我」（egolessness）。當我們進入一道缺口，處於事件與事件之間的空白處，便是無我出現的時機。舉例來說，你在一段關係結束後，因為害怕處於情感空窗期時，會因孤單而感到痛苦，所以立即進入下一段關係。然而真正的自我認同，是在我們面對自身恐懼與無懼的缺口當中，才能逐漸滋長。

其實我們就是那個缺口，或那片空白。這便是空白為何如此值得深深信賴的原因。自我是恐懼和欲望的組合體，無我則是擺脫恐懼和欲望束縛之後的自由。除非你已經開悟或成為聖賢，否則你絕對不可能完全無懼無欲，但是你可以掙脫恐懼和欲望的束縛。這即是無我的狀態。思想之間的空隙也許會形成一處空間，在這個空間裡我們的自我認同便能展露其寬廣的樣貌。遺憾的是，我們總是不允許這樣的情形發生，努力用下一個思想接續上一個，花一整天的時間創造空洞的思想行列，一個緊接著一個，中間完全不留空白。

倘若一段空白在思想與思想之間開啟（指一段冥想的空間），你也許會感到害怕。你可能會覺得自己誰也不是，因為你的自我認同總是跟你的思想畫上等號。「我，就是正在思考這些想法的人。我思，故我在！」思考會去驅趕不思考的時刻——也就是思考與思考之間的缺口，亦是無我的狀態。處於這個狀態的我即是靈性我，而非自我。

「確信發生在我們身上的一切，沒有一樣不屬於我們存在的核心，這即是無畏的基礎。」葛文達（Govinda）如是說。想要不害怕、不恐懼，這個基礎建立在瞭解一件事：恐懼只是我的一部分，我必須與之對決，才能成為我自己。我必須要經歷一些事，才能達成我的天命。在明白這點之後，我便跟宇宙達成了協議，而不是與之爭辯。如果恐懼阻礙了我的去路，我就與之共事、與之共處，因為恐懼是我的一部分。如果這是讓我達成天命的途徑，那麼恐懼就一定會出現。這便是無畏的靈性基礎：恐懼的作用，便是為我指出甘苦並存的道路。

在這個典範中，你不僅是經驗的客體，也是經驗的主體。你不必被恐懼所挾持，而是去體驗它，在恐懼的身邊沉靜下來。我們在關注、學習了如何處理不理性的恐懼之後，接下來也要注意這些恐懼的象徵意義。弔詭之處在於，我們的潛意識正是透過偏執想法、衝動的行為和沉溺於這些非理性，來跟我們溝通。我們內在的本我通常不會透過理性的左腦來溝通。我們對於本我被強行進入的恐懼，很像我們害怕自己家裡被搶，這個隱喻比實質更能切中重點。

我們也許會回想過去浪費了多少時間在無意識或沉溺行為上，而大嘆「這損失真大！」我們也會懊悔，但事實上我們應該想到的是，內在的靈性我是如何運用了這段時間，讓這段時間成為面對未來挑戰必要的準備期。這個比喻讓我們重新詮釋睡眠這件事，將睡眠視為休息與蟄伏，復甦就是這兩者之間的橋樑：要達到目的地，這些都是必經之路。即使感受到痛苦，也是療癒的一部分。你浪費的時間不會比你得到的時間還要多。總之，所有的事都是連貫的，生命也是如此。

那麼，有沒有可能，我們內心有某個無名氏正在做著創造性的工作？無名氏就是潛意識。潛意識之所以不知名，正是因為它不能被意識思考的大腦所干擾。在每一次跳脫習慣性的、有意識的思考框架時，我們都會讓自己解放。允許一些混亂進入，可以讓你釋放出更富有創造力的力量。也因此，我們的功課是接受恐懼，並感受它。

當你的行動受到恐懼驅策，會出現認知缺乏的情況。你會在判斷上開始犯錯，也會喪失原有的直覺。你會失去立場和面對事實的信心。你會因為受到別人的力量壓制，或因你不能掌控自己的力量而變得偏執。即便是經驗老到的登山者，處在氧氣不足的高海拔地帶也有判斷錯誤的時候。判斷上的混淆，是造成許多登山技術熟練的人發生跌落意外的原因。當我們處於恐懼中的時候，也會如此。

以下是幾個受恐懼驅使的例子：

- **有關風險或挑戰**：改變表示失去，如果遭遇失去，我勢必會苦惱，如果感到苦惱，我一定會覺得糟透了，所以我不讓任何事發生變化。
- **有關自我揭露**：如果人們真正清楚我是誰，他們可能不會喜歡我。所以我把真實的自己隱藏起來，不讓任何人見到我的真正面目。
- **有關孤獨**：如果一個人獨處，我會感到孤獨，然後就會有非常悲傷、被壓垮的感覺，所以我瘋狂地把時間排滿，讓自己時時刻刻都有人陪。
- **有關親密關係**：親密會導致遺棄、失去自我、感情破裂或背叛，所以我要遠離親密關係。

你內心那個害怕的小孩或是心中的囚犯，會影響你的思考，也削弱你信賴自己有能力處理事件的信心。這個小孩會在你的心智牆壁上塗鴉：「改變等於失去。自我揭露等於拒絕。獨處等於死亡。親密感等於離棄。你無法妥善處理任何事情。留在你的牢裡吧。」當我們不加抗拒地接受一切時，才能在內心累積資源，在行動時也才能使用這些資源。

講到這裡我們多半會發現，能處理恐懼的學習典範極少，原因在於成人通常會把恐懼藏起來，不讓人知曉，即使在顯現出來時，也會包裝成憤怒的樣子。如果一個小男孩深信只有懦夫才會害怕，以為承認或表露害怕不會讓他得到支持，那麼，就算表露或承認害怕是復元的第一步，這個男孩如何有機會以真實的情緒長大成人呢？

除此之外，我們每個人都面對了許多用恐懼控制我們的社會禁忌。沒有了恐懼，我們也許能夠更深入地探索自我認同的境界，發現可供我們安居並主宰的全新心靈界線。假使我在別人對我的想法之外還能發現自己額外的力量，我也會是獨自發現它的。不管是什麼樣的禁忌，只要你接受了，就會壓抑你的自我認同。在你探索過這個未經允許的空間後，自我認同就會有所成長。真正的認同，就存在於禁令之間的空白。

我們的天命是不斷擴張的寬敞空間和意識，一個由我們創造出來的空間。這個空間存在於我們打從出生到現在不斷接收到的訊息和訓令之間的某一處。我們會在某個瞬間找到一種全新的方式來生活、觀察、感受、表達，或是找出全新的方式來創作音樂、文學作品。貝多芬知道莫扎特已把當時的音樂表現形式做到極致，沒有人能再突破，因此他唯一能做的便是另闢蹊徑，自行開創另一片空間，他也做到了。那麼創新的音樂存在於哪裡？它就存在於規則與既定形式之間的空白處。貝多芬在這裡徜徉，釋放了自己，也釋放了音樂。

隨著我們努力擴充這個空白，我們的擴充能力也會變得更加地突顯。我們發掘了自己的無限，我們看到鏡中的小宇宙正是大宇宙的反射（事實上，宇宙也不斷地賦予我們童年時期錯過的鏡映）。希臘女神伊西斯（Isis）跟法老說：「我賜你與天齊壽。」我會給你如同宇宙那般寬廣的自我認同，絕不是如家族傳統、咒語、或社會許可與禁忌那般狹隘的身分認同。試問，有多少人接得下這份禮物（同時也是挑戰）？我們也許會跑走，回到對與錯的世俗世界。當我們即將掌握一切時，我們反而會退卻，這是人類既可悲又難解的謎。

看到隼在高空飛翔時，你會清楚牠正在展現牠全部的潛能。這隻隼正在做牠力所能及的事，盡情伸展雙翅翱翔於天際，但地表上的一舉一動也在牠視線掃射的範圍當中。隼並沒有選擇，我們卻有自由意志，可以選擇不要顯露我們所有的能力、不飛這麼高、不唱太大聲、不大量繁衍後代，以及不把自己從所有做與不做、該與不該的約束當中釋放。所以，我們因為那些該與不該而變得沉重，以至於我們周遭、內心、身上、身下，都沒有留白的空間。當恐懼前來挑戰時，我們就覺得恐懼像是一塊沉重、擊不破的大石，沒辦法穿越。會發生這種情形，是因為我們還不習慣從自身看出空白。我們習於堅實，所以每件發生的事看起來也都是如此。我們能不能減輕一點、留下空白，讓陽光與空氣穿透呢？

完全遵照社會禁忌設下的種種限制而活的人，是找不到空白的。不斷去控制他人、替別人設限的人，也一樣沒有空白。我們把自己塞得滿滿的，靈性我，也就是純然的空白，便無法穿越。這樣的空白位在中空的竹子裡，讓奎師那（Krishna）吹出笛音。

我們的自我對於這巨大深淵的開口或空虛感到恐懼，因為那會讓我們產出「我誰也不是」的感覺。很諷刺的一點是，當你感覺自己「什麼人都不是」時，你會感到害怕，但其實當你「什麼人都不是」時，那才是你的真正身分：處於空間、暫停的你。在你想要藉著控制他人來避免恐懼之前，先讓自己暫停一下，克制自己別這麼做。這時，空白便能進場。這次我不藉著控制、合理化任何事或人，而是要想：「我不做這件事。」這就讓空白打開，同時，我也把自己放開了。

開悟是指留出空間，讓光進來。要讓光進來，你要聽報信者——也就是你心中的情緒——說話，進而有所覺醒。因此你就能創造空間，接受你的天命。既然我們是無窮無盡的空間，便足以讓一切通過。這就是希臘女神伊西斯口中「與天齊壽」指涉的「天」。隼在天際飛過，天空依舊是完整無缺，這就是我們內在的空白。我們的自我認同就是內在的天空，因此「在世間，猶如在天堂」。就像一座大教堂，當身在其中時，我們感覺不佔據空間，而是創造空間。

功課　誇大恐懼

以幽默來處理原始／神經質的恐懼的方法，就是刻意地誇大恐懼，直到你笑出來為止。舉例來說，你如果害怕在出門找朋友的途中因為停下來綁鞋帶而遲到，導致朋友可能不會等你（這也許跟兒時確實發生過的事有點關聯），你就告訴自己，如果可以的話最好也告訴你的朋友：「我怕你不會等我，所以我不能停下來綁鞋帶。我寧可被絆倒、摔跤，也不要冒著你不等我的危險。你看，如果你不等我先走了，就表示你不喜歡我，如果你不喜歡我，我可能會活不下去（用死作為底線是很好的誇張法）。」朋友困惑的表情會讓你感覺好笑，而朋友聽到你誇張的話語發笑時，你也會被傳染而跟著笑出來。卓別林曾說，他幽默的秘密，就是他以痛苦所演出來的。用不戲謔的風格展現幽默，可以抒解恐懼，因為人類的大腦無法同時體驗幽默與恐懼。

家長可能只有在孩子害怕時才會表現出親切與溫情。這會讓你得到一個結論：「如果想要得到好處，一定要先感覺很糟。」這使得恐懼在你的身體裡留下印記，強化恐懼和欲望的連結，「我會從別人身上得到好處。別人會因為我的害怕而同情我，給我溫暖，陪伴我。」試著回顧你的孩童時期，問問自己：「爸爸媽媽什麼時候給我最多的關懷與親情？」如果他們都在恐懼的情境下這麼做，那恐怕你的細胞記憶已經把恐懼與愛做了連結。

一旦徹底解決了某個環節，就能打破身體細胞與驚恐的連結。不管發生什麼事，都用健康的方式處理，最後便能治癒自己。面對、處理並解決舊議題，特別是在療癒的情境之下，你就有可能抛開過去，進入沒有包袱的當下。

◆葛布瑞的恐懼

葛布瑞和喬伊父子倆從美國的康乃迪克州前往義大利佛羅倫斯待了六個月。喬伊後來轉往西班牙單獨旅行，去參加潘普洛納（Pamplona）的奔牛節。二個人說好一個月後在羅馬碰面，再一塊兒回美國。雖然喬伊答應會寫信或打電話聯絡，可是期間卻沒捎來隻字片語，讓葛布瑞非常著急。某個週五下午，葛布瑞在信箱裡發現一張紙條，上面寫著：「您有一封電報，但電報送來時您不在。電報局週末不上班，請在週一前往領取。」

葛布瑞第一個念頭是喬伊不是傷重就是死了。他陷入驚恐與深沉的憂鬱當中。葛布瑞愛子之心，遠勝於他愛世上其它事物，失去孩子讓他完全無法接受。他整個週末都吃不下、睡不著，很後悔在他的休假來到義大利，他也後悔讓喬伊自己旅行。他的內心飽受折磨，不時地想著喬伊的不幸。

等到週日，他走到米開朗基羅廣場，那裡可以看到全市開闊的市景，以及美麗的聖米尼亞托教堂。但他踏出的每一步卻有如行屍走肉，心情也益發沮喪，甚至一度想自殺。此時的葛布瑞已把自己孤立起來，進入不能突破的空虛當中。

走到聖米尼亞托教堂時，葛布瑞參加正在舉辦的彌撒，只是缺乏平常望彌撒的熱情或平靜。彌撒結束後，他穿過草坪走到觀景區。突然間，某個不知名的聲音在他內心響起：「不管電報寫了什麼，你都能處理，跟你處理生命中每件事情一樣！」葛布瑞停下腳步，納悶著，是誰在說話？是的，這些話講的確實沒錯！突然間，他的無力感消失，取而代之的是內心深處升起的力量。這股力量一直隱身在他身體裡面，現在再度甦醒。

他吃了一塊披薩，睡了一晚。週一上午他到電報局，只見電報上寫著：「您預定飛往洛杉磯的班機，起飛時間將從下午二時延至下午二時零五分。」

第2章

恐懼如何表露

恐慌發作

當我們覺得自己軟弱無力時，會感到驚慌。軟弱無力的意思是指，無法做到身體透過分泌腎上腺素要我們做的事：逃或戰（flee or fight）。我們遇到了看似無法避免的危險，而且覺得自己沒有能力面對它。生理上，大腦透過神經將信號傳達給腎上腺，刺激腎上腺素（恐懼）和去甲腎上腺素（憤怒）釋出。每一次憤怒形成的腎上腺素都含有四種分子！去甲腎上腺素讓我們保持警覺，也幫助我們集中精神；腎上腺素則幫助我們可以馬上戰鬥或逃走。它的自動啟動機制如下：

- 唾液與黏液的分泌急遽減少，以使更多空氣送達肺部。
- 汗腺分泌增加，降低體溫。
- 血壓升高，把更多血液送進腦內。
- 白血球更有效率地攻擊感染之處。
- 呼吸速率加快。
- 瞳孔放大，視力增強。
- 消化蠕動速率降低。
- 肝臟從腎上腺收到憤怒即將發生的信號，使更多血糖進入血管。

腎上腺素從激增到恢復正常，需要經歷十分鐘的時間。抑制恐懼與憤怒，等於在破壞一連串正要上演的複雜身體大戲。你的抑制使得身體反應與恢復的力道減弱，讓腎上腺素殘留在體內並產生毒性。如果經常處於腎上腺素飆升的狀態，身體的免疫反應就會變差。

以上的描述可以適用一般的恐懼以及恐慌發作。你可能會經歷壓力的階段，是開始提高警覺、抗拒，然後是恢復正常。恐慌發作也可能跟生理健康問題有關，比如心臟病、憂鬱、血糖過低或糖尿病。舉例來說，如果你醒來時感到恐慌，可能是血糖過低的警訊，因為人在清晨時血糖濃度較低。如果恐慌每天都在固定時間發作，可能與飲食或禁食有關，這就應該是血糖代謝方面的問題。

恐慌發作的時間通常很短，會讓我們受傷的，是我們受到的心理脅迫，還有伴隨恐慌而來的無力感。覺得失去控制，情緒失控、每件事都失敗，以及超過忍受範圍的威脅，都是恐慌發作時的正常反應。

恐慌發作時，你不會知道你在害怕什麼，但你的心智會習慣性地掃描所有的可能性，並對恐慌本身做出解釋。你的心智想要把所有的空缺填滿，這樣你才能避開無力感。不過在真正的恐慌發作時，做什麼都沒有用。因為這是身體的自動反應，其中也許還包含許多等待被釋放的無聲尖叫。

當你處於恐懼和恐慌時，你會見到自己內心那個害怕的小孩。在處理恐懼和恐慌時，你要認清自己的內心有個成熟的大人，具有足夠的能力來處理這些痛苦時刻。如果你的家庭背景或宗教信仰剛好在助長那個害怕的小孩，而不是讓負責任的大人更加茁壯，那麼你將永遠沒辦法相信自己有能力處理情緒，你便永遠是個害怕的小孩，總是受別人的操縱。你的家庭史和你的過去都有成人的一面，把它找出來並將其釋放，是一項非常刺激的挑戰。如果知道自己無論如何都能在宇宙間佔有一個位置，這股自信感將多麼令人安慰啊！你必須問問自己，你的過去是否曾經給過這種保證。如果答案是有，這是健康的，如果答案是否定的，那麼你就必須從這點開始恢復。

當你把自己的內心調成恐懼小孩的心態時，成人的反應會自動隨之出現。你會感受到一股安適感，也會突然瞭解到你有成人的選項。你不必受到牽制，也不必感到羞愧。你意識到自己有選擇權，你可以擁有成人的力量。這都是在告訴你，你已經成功地找出療癒之道了。

茱莉葉問羅密歐，他是如何進到她的花園的：「花園的牆這麼高，是不容易爬上來的。」還記得他怎麼回答嗎？「我是憑藉愛的輕翼飛過圍牆，因為石頭圍成的藩籬擋不住愛。」愛使人勇於冒險，即使心懷恐懼也要一再嘗試。當你愛自己、也愛他人，你就會願意冒這個風險。當你一次又一次地採取果敢的行動，你將逐漸改寫那些在你生命軌跡中，因為腎上腺飆升而被登錄在細胞分子中的印記。

功課

陷入恐慌時

恐慌發作時，要容許它的存在，與之共處。要記得，恐慌會使人懷疑身體自我監測的天生能力，讓你比平常更不容易自制。此時採用矛盾意向法（又稱逆向操作法）來與恐懼互動是很有幫助的。你在感受恐懼與恐慌時，不必帶著任何條件來認同它們的存在，也不必採取任何反擊行動。這是讓你在被恐慌完全攫住之前，把恐慌的尖牙拔掉的方法之一。你無法阻止恐慌的出現，但你可以不被它控制住。恐慌本身並不危險，被它攫住才是真正的危險。

想要與恐慌共處，還可以同時搭配另外一個建議。首先是內心專注在某個平靜的畫面（最好事先在腦中準備好），可以是某個景象、一張畫、一個形象、宗教象徵等等，在必要時可以召喚，讓你保持沉著冷靜。最好的選擇是一向都能讓你有好心情的畫面。腦中只要想著這些美好的畫面，就能降低氧氣的消耗，使你的呼吸與心跳不再那麼急促，降低血壓、緩和緊張的情緒，也讓更多血液流進大腦中。換句話說，它會改變使恐慌發作的元素。這就像狄金生說的：「雙眼閉上就是旅行。」閉上你的眼，專注在某個畫面中，你就能脫離恐慌與無力感，一切就能平靜下來。這就是畫面的力量，也許能說明為什麼宗教圖像會被奉在神龕上，以帶來療癒的功效。

處理恐慌的最後一招是呼吸。人在恐慌發作時會過度換氣。呼吸本來該用下肺部的橫膈膜做深度呼吸，但當人處在壓力中時會轉而用上肺部，也就是胸式呼吸，這是比較淺卻更急促的呼吸。當你做橫膈膜式深呼吸、把氣吸到肺臟下方時，馬上就能逆轉出於恐慌的呼吸。胸式呼吸是為了要因應恐懼的立即反應結果，可是現在並沒有恐懼的標的，所以此時做胸式呼吸沒有太大的效益。橫膈膜式呼吸是使人靜心的呼吸法，你可以先把眼睛閉上，每一次呼氣的時候從一數到十。你也可以告訴自己，吸氣時，正是納入來自宇宙的支持，吐氣時，則是把壓制在身上的恐慌與壓力釋放出來。

迎接恐懼的出現、形成畫面，還有深呼吸，這些動作同時做，就能大幅降低恐慌。

◆馬爾文的奇蹟

四十二歲的馬爾文，六年來飽受嚴重的恐慌症之苦。他經常覺得焦慮，成天都處於無比慌張的情緒中，還不時地、至少每週一次都會感到自己被一隻名叫「全面停擺式恐慌」的恐龍攻擊而動彈不得。他在恐慌發作之前完全沒有預兆，每次持續幾分鐘到一個小時。其實馬爾文的生活並沒有真正的威脅和危險，更沒有災難逼近。所以從外人看來，他其實是可以無憂無慮的。

馬爾文的職業是地區醫院的醫生，家庭富有、開賓士，還有金額龐大的投資組合，退休生活無虞。他住的房子是自己的，擁有一間山上的度假別墅。馬爾文找出所有跟恐懼有關的可能性，每一種檢查和測試都做過，結果卻是徒勞無功。

馬爾文的焦慮型態是連續的腎上腺素分泌與焦躁。恐慌使他情緒極度低落，直冒冷汗，無法好好說話或走路，喪失食慾、發抖，有時候還會整個人崩潰。發作起來不分時間地點，如果正在看診，他就得馬上離開現場，常常就不回來了，只能讓護士替他找藉口收拾善後。更糟的是馬爾文還有強迫性的潔癖，他不能忍受衣服上出現一丁點污漬，非得立即換下來不可，所以他辦公室的櫃子裡多放了很多衣服讓他隨時替換。可以說，馬爾文的生活完全失常。

有一天馬爾文的恐慌又發作，他在辦公室附近的公園裡獨處，心不在焉地看著幾個正在玩泥巴的小孩子。這些孩子一點兒都不在意衣服髒不髒。他們恣意地對彼此丟泥巴，臉和身體也都沾滿爛泥。他們玩得天翻地覆，把一切都拋開。此時，馬爾文聰慧而科學的頭腦裡，突然閃過一個念頭，他把眼前的泥巴仗直接放到自己的情況。

他開始一步一步做深呼吸，同時不斷對自己說：「我容許恐懼在這條充滿泥濘的路上費勁地從我身上穿過，我保持原狀，讓恐懼從我的後方過來，經過我，再遠離我。」這個認可恐懼軌跡的想法，讓馬爾文頭一次正視恐懼與焦慮，除了深呼吸之外，他不再企圖去打斷它或打擾它。很快地，他就能放心地呼吸，焦慮感也確實降低。

現在他的恐慌症幾乎不再發作，醫院的同事對他的進步又驚又喜。馬爾文吃得好、睡得好，也能安全地醫治病人，自尊感也隨之提升。他很感謝那群孩子賜給他那場心靈泥巴浴，雖然他不明白那是怎麼做到的。

對生命中來與去的恐懼

廣場恐懼症（agoraphobia，也稱懼曠症或陌生環境恐懼症），是指一個人離私人環境太遠時所形成的恐懼感。有這種恐懼症的人如果走進人群擁擠的地方，幾乎都會感到恐慌。還有一種心理上的廣場恐懼症，是一種害怕被拋棄的心態。在我們的生存環境中，人的來來去去是一種常態。然而當人們離去時，你還是會有遭到背棄的感受，當人們來臨時，你也可能感到不安。

希臘人在每個十字路口都擺了一個象徵赫密士（Hermes）的雕像。赫密士是自由來去的神，是神界與人界的信使與傳遞者。至於羅馬人，他們信奉有管理出口入的神，有專司過樑的神，還有屋子外面的大門神。來與去，因為跟恐懼、緊張發生關聯，因而變成需要神力來保護的對象。由此可知，存在於我們心裡面的恐懼，是非常古老的。

從小時候開始，我們離家時會害怕得不到允許，而父母親離開時，我們也會害怕失去安全感。有些家庭會把已經長大成人、搬出去住的家庭成員視為叛徒。如果我要走，我會害怕得不到認可。當我抵達陌生的地方，我也可能害怕得不到認可。我也害怕當我回去時，沒有人會等我。

在我們小時候，我們的來與去是由別人決定的，我們只是隨著離開或眼見別人離去後將我們留下。也因此，來與去便跟無力感扯上關係。來與去跟可怕的拋棄互相連結，也使得來與去從此成為生命中焦慮的源頭。

要成為一個大人，你必須向父母親給你的安全棲身處告別，然後才能變成獨立的個體，而不是父母親的複製品。對於你所做的決定，他們的意見也不再具有權威。作為一個成人，我有二項任務：離開（to go），做自己（to be）。成熟的第一個條件就是離開，即便這意味著挑戰、恐懼、危險和艱難。第二步，不管我們的出走是否得到認可，都必須堅定立場。弔詭的是，我們對於認可的需求，跟個體化的恐懼源自同一處。

得到認可，是指符合另一個人心中對我這個人的預測。他會認可我，是因為我達到他腦海中期待的標準。這跟個體化是相反的概念，因為個體化的人選擇忠於自己，因此並不在意自己的思想行為是否符合他人的期待。作為一個獨立、個體化的人，我與他人建立的是成人與成人的關係。當我試著取得或保有認可時，那麼我建立的就是一種家長式的連結。

在我們小時候，得到認可之所以重要，是因為我們需要生存下去。遺棄之所以會那麼可怕，也是因為它會剝奪我們滿足情感需求、與他人做情感連結的可能性。我們潛意識直覺地明白，來自父母親或伴侶的認可、關愛與陪伴，對我們能否健康發展，至為重要。當我們失去有益於我們演化的事物，或這些事物受到危及時，恐懼是合理的反應。

來去四部曲

當你以成人的心態來與去時，會發生什麼讓你害怕的事？先看看以下四個階段：第一，出走，離開熟悉的環境；第二，處於出走的旅途中，面對未知的一切；第三，抵達某個地方；第四，在新的地點安頓下來。

這四個階段都會使你苦惱，而且根據羅馬人的觀點，每一個階段都需要專門的神來護佑。第一關是跨越門檻，來到第二關之前還有一段路要走，第三關則會再度面臨新的門檻，等著你跨過去。

在婚姻關係或同居關係當中，我必須先通過自己的門檻，才能前進到你的門檻。你看，我已經做到這些事了。我面對了出走的恐懼，離開原本安全而熟悉的環境，再千里跋涉到一個未必安全的陌生地方。那麼，**我現在是否要讓你做另一位父母，還是另一個成人？如果你讓我失望，我該不該責備你？**

◆出走

離家，代表分開與放手，代表拋棄你熟悉的事物，去冒險，甚至可能陷入隔絕的地步。為什麼出走是可怕的？因為你在對抗的，是獨自一人的恐懼。恐懼的基礎在於你只有自己，沒有過去帶給你安全感的那些人事物和習慣。也等於**我選擇放棄一向支持我的資源**，不受其保護。「出走」這個行為本身，就是在冒這樣的風險。

其次，我也拋下了可以代表我的身分。在此地，別人知道我是誰。在他方，沒人認識我，我等於是無名氏，必須重新建立我的身分。在此地，我能施展謀略和魅力得到我想要的，因為這些手法我都練過，也知道該如何刺激我的對象，讓他們有所回應。在陌生的他方，我根本不曉得這些招數會不會有用。此時我才正要開始明白，我展現出來的魅力與姿態，會不會只是不敢呈現我的真實面貌、避免被人發現的做法。這些是不是都跟自我揭露有關？

第三，我不再是能夠主導的人，我會失去控制感，當我放掉控制感時，恐懼會把我淹沒。

◆在出走的途中

在這段旅途的路上，我處於「過去所在」和「未來目標」之間的空白中。在這樣的情境下，旅行者變成沒有特別身分的人。在火車或飛機上的上百名旅客當中，我只是其中之一，誰都不認識我，我也不會得到什麼特別的對待或關注。我的身分和我的各種角色此時都派不上用場，也沒有任何的支持系統會保護我。

當你出走時，也許會感受到被留下的所有人流露出悲傷之情。出走的恐懼，和哀悼、遺憾、罪惡感是相連的。對於這些人或事，你可能也會有感傷或思念之情。這是一種輕微的哀悼。這些反應都會引發你的痛苦——也就是伴隨著改變而出現的恐懼。你可能會擔心自己在抵達下一站時，能不能符合當地的標準、得到新的認可。你可能會害怕家裡在你離開時發生可怕的事，你卻無法回去處理。可能有人會死，卻聯絡不到你。

大部分的人在旅行時，都很容易主動去認識別人，敞開心房聊天。比方說，你很可能會在搭飛機或坐火車時，把一生的經歷跟陌生人分享。此時你比平常更開放，這可能是希望抒解自己的緊張情緒、焦慮、困苦、孤立和脆弱，也可能是試圖建立暫時的支持系統。這些情況都算是恐懼的形式，出現在你從一地遷往另一地的空白中。這些恐懼缺乏事實基礎，只是原始的畏懼，是一種對於出走而形成的恐慌。

還有別的方法處理恐懼嗎？有的。旅途中的每一步你都可以哭出來，因為你踏出的每一步都會引發感傷。「步出家門，門在我身後關上時，我覺得難過。我想在走之前，先坐在這兒好好哭一下。」適時地、無拘無束地顯露哀傷，我們一直都不習慣這麼做。

◆抵達與適應

要判定你在抵達時的痛苦程度，可以問自己：「我很期待別人對我大力奉承嗎？」

當我去別州找朋友共度耶誕節，抵達朋友家時，是否很想看到這家人為了我的到來而大費周章？我有沒有替每個人準備禮物，確保大家對我都很滿意？我有沒有講一大堆恭維的話，讚美他們的家和全家人？我是不是帶著一肚子氣抵達，因為沒有一樣合我的意？我有沒有遲到？我要用到的東西是不是沒帶，必須依賴別人的照顧？決定比預定時間提早回家，是我們多少會經歷的廣場恐懼症的表現。你對於進入一個人際環境中的恐懼，都可以從這些指標中看出來。

當你正在適應新環境時，有沒有一種希望熟悉事物就在身邊的強烈需求？你會不會覺得有需要聯絡家裡，確定一切如常，大家還是愛你，而且沒有人死掉！這其實是很容易理解的。身分沒辦法帶著走，只有在跟自己的東西、自己的工作和自己人在一起時，我才是我。這就是為什麼尤里西斯（Ulysses）在回家的旅途中會感覺如此淒涼的原因，因為只有身在故土，才會有自我認同。

但是，只要我變得愈來愈成熟，不論身處何方，我都能泰然自若。我不必從外在找尋應許之地，因為應許之地不在任何地方，那是一種無論人在何處都能感受到的內在平安。還記得聖方濟亞西西（St. Francis of Assisi）的故事嗎，他在決定成為修士時，遭到父親的反對。聖方濟便將身上的衣服全部脫下，對父親說：「現在我把屬於你的一切還給你，我將重新開始我的生命，跟誰都沒有牽連，也不佔有任何事物。」他讓自己擺脫一切，目的就是要更貼近他自己。

榮格說：「在極度混亂之中，存在著價值以及治療的能量。」人的能量原本就有足夠能力讓我們面對生命中的壓力。病理性的廣場恐懼症不在本書討論範圍內。對於前述的輕微廣場恐懼症，我們可以這麼處理：承認恐懼、感受它、不把恐懼視為阻礙，繼續做該做的。這是我們該做的功課，如此一來，才能將自我修復的能量釋放。想要什麼果，就要種什麼因，而能量就在因之中。我想要的結果是度過恐懼，所以我順著因往前走，自然能到達我想要的果。我們又再次明白，這樣的弔詭是人類進行療癒的方式。

害怕放掉依賴

行動會引發注意力，讓我們要求自己實踐對生命的投入。但是，心態不能是自我中心的，而是要對自己的生命忠誠負責。與其自我放棄，重要的是學習如何安頓自己。身體極度地思念我們，耐心地等待我們回家。雖然我們多年來一直忽視身體的邀請，但只要我們說：好，就是現在，身體一定會以無比的熱情回應，也讓我們知道該怎麼做。這時我們就會明瞭，自己不需要任何訓練也可以有完全活著的感覺，我們唯一欠缺的只是感受生命力的決心。這就是了。

——約翰．威爾伍德，《平凡的魔術》

我們大部分的人，即使身為真正冷靜、清醒的成人，也會對度過危機，甚至是過完一天感到恐懼。沒有咖啡因、酒精、尼古丁、糖、暴飲暴食或藥物的刺激，我們簡直不敢想像該如何面對平淡、壓力或者其它問題。即使沒有成癮，這些東西也可能被我們當成支撐的枴杖。

身體具有走路、活動、跳舞之類的能力。心智則具備邏輯思考、推論和想像之類的能力。從生命早期開始，我們便把這些能力轉化為技能。可是如果在二歲時，沒有人教你走路，而是教你怎麼用輪椅，還告訴你「你沒辦法走路」，那麼，即便你真的可以走路，你走路的能力也會萎縮消退。如果你的一生之中都是別人在替你思考，你就永遠學不會如何自己思考，這個能力也一樣會消失。

每當你的身體／心智準備要運用某項能力，你卻用別的東西來取代它，不讓它發揮，身體／心智的能力就有可能會因此退化。身體／心智的能力有那些呢？包括放鬆、啟動或甦醒、專注於某事、堅持完成任務、對一件事產生興趣並開始參與、從頭到尾感受自己的情緒——感受情緒從萌芽到發展成極致的過程、表達情緒再將其釋放、哀悼所失，還有面對恐懼。

我們甚至具備了克服憂鬱情緒的能力（如同電影「真善美」中的歌詞：「只要想起我最愛之事，就不覺得那麼糟了！」）。我們也有從躁鬱情緒中恢復的能力。我們有能力放鬆、暫停、投入，再釋放。這些都是我們的身體／心智與生俱來的本能，生命力的基礎。在人生旅途中，我們會慢慢學到取得這些能力的方法，直到我們駕輕就熟。舉例來說，我們可以不必依靠安撫奶嘴或一瓶溫牛奶才能入睡。但你要記得，一開始時，奶嘴或溫牛奶是讓你安然入睡的必經階段，直到有一天，奶瓶被拿走，你用哭鬧來表達抗議，可是最後哭累睡著了。第二個晚上你雖然也一樣鬧，不過你知道這一招沒有用。歷經過這段奶嘴戒斷期，你才開始自然地入睡。這個沒有人教，是你從內在找到讓自己入睡的力量，因為你還保有它。

但如果你睡不著就改喝酒或吞安眠藥，把自己的本能一而再、再而三地擱置不用，那麼它就不靈了。放鬆或自然入睡的能力，將逐漸被藥物或酒精的依賴所取代。

英國維多利亞時期的女人經常昏倒。當一位女性發現事情沒法處理時，她就會昏倒。總而言之，在事情繼續發展下去、還沒獲得解決之前，她會保持不省人事的狀態，等到整件事明朗了，她再醒過來，事情已經不用她面對了。男人也做一樣的事，差別只是他們採用決鬥的方式來表現（現在依然如此，只是決鬥擴大成戰爭）。這些都是不想面對和解決問題的逃避方式。

這些替代能量會造成什麼影響？首先，它們會掩蓋你對於人生經驗的情緒反應。比如說，你有一點緊張時，你不想感受完整的情緒反應，就喝酒來因應。這杯酒在某種程度上改變了現狀。還有其它的替代物，像是咖啡因、酒精、大麻……等，一開始只是代替，再來是阻礙，最後是徹底消滅我們的生命力。我們跟這些美好的內在力量隔離，而這些都是構成生命力的能量。

如果你一定要喝咖啡才會醒過來，白天精神不濟時也要靠咖啡醒腦，也許你該問自己：「我會不會正在謀殺我與生俱來的生命能量與活力？」如果你每次遇到事情就想靠這些上癮物質，你怎麼能學會面對事情？每次應該有成熟的活力反應時，浮現在你腦海中的卻是香菸的形象、一杯咖啡的形象，或巧克力的形象。

我們把自己的意志力與生命能量轉變成對這些物質的依賴（如果每一次想要喝杯酒時，你就打電話找人聊天，久而久之，你喝酒的需求就會轉變成聊天的需求）。

當然，這也包括過度沉迷於電視或網路、買東西、性、賭博、藥物等。成年人應該做的，是開啟所有在我們內心等待被發現與啟動的神奇力量。打個比方，一台新的錄影機內附操作說明書，詳述裡面所有的功能。如果你認為操作很複雜而卻步，只用它來播放影片，其它的一概不動，那你永遠也無法啟用這台錄影機全部的功能。回過頭來，當你借助咖啡、酒精這類物質時，你也在說同樣原理的話：「讓內在力量完全發揮來做這件事，太難了。」

這種想法幾乎已經不再是選擇問題，而是慣性思考了。我們一整天都在喝咖啡、吸菸，或者在睡前喝點葡萄酒，早就不問自己「這麼做是在取代什麼？」了。事實上，放任那些看起來正常、無害的物質，經過長期使用而養成習慣性的依賴，就是對我們成年人的能力喊停。什麼能力？**感覺的能力、放鬆的能力、把事情完成的能力、面對事情的能力。我的情緒只能用酒精或性來處理嗎？**

「自我」的毒蛇送給我們一顆蘋果，這顆蘋果就是我們最愛用的菸、酒、藥物等物質，讓我們忘了自己其實有能力通往一個更豐美的果園。你能想像一顆蘋果比整園的櫻桃、桃子或石榴還要美味可口嗎？這些使人上癮的物質，跟我們內心那些色彩斑斕的力量相比，簡直是乏善可陳。然而，我們之所以捨棄蜜桃，只拿滋味有限的蘋果，只是出於習慣或缺乏想像。

在我們的孩童時期或成人時期，生命中的重要人物也可能會促使我們開始使用上癮物質。也許是母親不擅於表達溫情，她便給你一片餅乾、特地為你做甜點，這都是以替代品取代一份真實的感覺。在婚姻關係當中，太太為先生買威士忌，然後「兩個人就免除了徹底面對面的必要」。同樣地，哥兒們也會堅持大家都得乾杯。這麼做，等於是讓那些使我們感受空白呆滯的上癮物質成為我們生命中的一部分。其實這些物質破壞了我們感到愉悅、自由表達情緒的本能。

神經質的自我總是憑藉著權利和控制力才能存活。它相信它有資格把事情簡化，同時也要掌控一切。自我，是所有恐懼和欲望的中心，也是源頭。神經質的自我害怕讓事情順其自然地發展，因為這表示你必須面對意外、接受所有的可能性，也表示你必須讓反應自發地形成，而不是控制反應。這些物質會確認（控制）你該做如何感覺，它們是神經質自我的伙伴。如果沒有這些東西，我就不得不做出有創意的反應，或是召喚我的勇氣。我也許會整天心情都很糟；也許沒辦法維持清醒；也許沒辦法放鬆；也許會睡不著。

如同上面提到的，神經質的自我害怕生存的環境：「我的生活可能會失去保護，還得像其它人一樣面對風險！我要去尋求其它讓我放鬆和慰藉的東西！」相反地，健康的成年自我會接受事實，知道摔倒時不會有人接住我，我甚至可能會屁股著地，但不會發生什麼更可怕的事。我只會喊著「唉喲！」然後再爬起來。沒人有義務幫我免除疼痛，也沒有家長幫我順利過完人生，我可以靠自己找到解答。真正的成年人不需要藥物來解決問題。

功能性的自我會親自經歷一切：把握機會、不逃避、不嗑藥、不尋求單純的解答、不要拐杖。菸、酒、藥這類物質，只會讓我們繼續處於無助、依賴與害怕的狀態中。從這點看來，我們的任務本質上是英勇的：撐過痛苦，不靠止痛藥。而且我們的英勇事蹟不會像聖女貞德那麼悲壯，它應該是非常簡單的，只要坦誠地過日子，感覺我們該感覺的，冒著也許無法完全放鬆或完全清醒的風險。我們服用物質得到放鬆與慰藉，卻失去意志力與人生。靠著英勇，我們可以把這些失去的都找回來。

我們的成人功課，就是**不屈不撓地改變「自我」施展的詐術，但必須運用有技巧的手法，而不是取巧**，才能徹底面對人生的挑戰。其中最奇妙之處在於，當「自我」變得比較成熟，也就是「自我」願意放手、願意退讓、願意讓我們感受**真正的感覺**，此時我如果要啟動內在能力來面對事情，就會變得比較容易。那麼，身體該如何加入？你可以讓自己更深、更開闊地呼吸，看你的身體逐漸開展，開展到足以容納你面對的重擔，並且用更優雅和沉穩自若的姿態行動。接下來，就像華萊士．史蒂文斯（Wallace Stevens）所寫的：「原本的面貌感覺真好……」

在你處於一段關係中的時候，當你感受到任何威脅，就衝到伴侶那裡，期望她／他替你解決，那你只是利用「我們」作為不再替自己負責的擋箭牌而已。執著於對伴侶的依賴，還有在電話中向有耐性的友人訴苦，都是這種情形。健康的人會直接找相關者說出自己的感覺，或是把自己的事告訴朋友，目的是處理這件事，最後再放下。他們不會利用別人發洩自己的憂傷，或是用這種方法讓自己的痛苦減輕到覺得不必再去尋求最終的解套。

不是只有物質的使用，人和行為也是發洩傷痛的工具。被父母親抱著，是我們的原始需求。當這個需求沒有適當得到滿足，我們可能就會透過放縱的性行為來彌補。但是，假如我們不要這麼做，而是允許自己被自然擁抱呢？何謂自然？自然就是**經驗的本質**（nature of reality）。

如果我們採用正面、能夠強化生命的方式，比如運動、香草療法，會不會比較好呢？如果這些方法只是用來讓你不去感受事件的全部衝擊，那麼不管是正面還是負面的方法，就沒有差別。重點是你使用某個方法的目的為何，以及這個方法的本質是不是帶有強迫性和習慣性。

當你不信任自己具有力量，轉而使用上癮物質或利用他人時，你就是放棄你自己。當你待在事件裡而不逃避時，你會發現身體開始配合你，你也逐漸感到放鬆，智慧漸增，更會發現原來的那些牽制都鬆開了。**你之所以受到牽制，是因為過去你選擇閃避，一旦你不再逃避，那些牽制也將隨之消失**。這是很能振奮人心的矛盾。

《奧義書》（*Upanishads*）裡有句很貼切的精彩敘述：「俯身進入內心，我得以再造、再造、再造。」回到自身，我可以發現創新的辦法，使自己變得嶄新如初，然後一次又一次地更新。我從何發現這個妙方？只要俯身進入內心，它就發生了。給自己倒杯酒或點根菸，是一點用都沒有的。

文藝復興時代的佛羅倫斯哲學家馬西里歐．菲奇諾（Marsilio Ficino）曾說：「使我們著迷的事物，全都是精巧的誘餌。只有愛能讓死亡成為不朽。」物質使用和人的習慣都是精巧的誘餌，沒辦法帶給你任何實質好處，只會讓你回頭要求更多。只要是使你回頭要求更多的東西，都無法真正滿足你，因為再多也不夠。

我們的內在具備更有效的神奇特質，只是我們還沒接受這件事實。之所以不相信這份特質，是因為多年來我們一直拒絕接受，也不願承認。那究竟是什麼東西？那是我們自己的生命活力、能量，不但穿過我們，也把我們向前推進。就像惠特曼（Walt Whitman）詩作裡的蜘蛛一樣，你也會吐出無窮無盡的絲，來幫助你橫渡下一個即將面對的混沌。

倘若一定要借助外力的支持，
倘若不能單獨受考驗，
倘若我連忠信的德力都被懷疑，
那還有什麼幸福可言？

——《失樂園》（*Paradise Lost*）第四卷

功課

留住感覺

有個簡單的參考方案：當任何恐懼感襲來之時，先把你的思緒停下來，讓它發生；讓它流經你全身再流到地上，好像閃電通過避雷針那樣。任何東西只要會動，它就不會傷到你；但如果讓它停下來，就會帶來痛楚，把你毀掉。如果你讓它通過，它會回到地面上，回歸自然。所以，就讓情緒發生吧，讓它帶著你前進，也讓它過去。至於你，什麼也不用做，因為情緒要發洩出來，要清空，要通過。它也不願意一直被卡著。這就是風在背後推，你也要順著馬前行的方向騎的道理。

每一個感覺，包括害怕孤單一人的感覺，如果你能完整感受，它最後會成為你的福氣，因為每一個感覺都會啟動內在的生命能量。感覺的顯露過程呈鐘型曲線，在達到高峰之後，就會進入安詳靜止的階段。在這歇息的階段裡，你會瞭解自己已經度過一次感覺，自尊也隨之建立。

在這個階段，你會知道自己已經完整感受、也度過了這個感覺，然後自尊就會隨之建立。

功課　健康的心靈空間

曼陀羅是四邊形或圓輪形的圖象，它象徵、啟動了人類心靈的全體。雖說它是源自西藏的圖騰，但所有文化都有類似的概念，也出現在人的夢中。曼陀羅可以用畫的、用舞蹈方式展現，甚至可以演出來。它是沉思的工具，思考本我／宇宙整體合一的入門。榮格說：「嘗試取法自然的自我療癒，平常意識不到，只有在本能的衝動下才會出現……曼陀羅引導我們到達內在的聖殿，這是精神的起源和目標，是生命與意識的結合之處……線性演化並不存在，存在的只有靈性我的不停轉動，而曼陀羅就是這個轉動過程的圖像。在所有的文化中它都存在，這正是由於人身上都具備超越自我意識的特質，使得處在不同時空的每個人都有能力形成相同與雷同的象徵圖形。」

曼陀羅象徵的圓滿以潛意識為中心，原型的靈性我便是它的目標。自我則是在欲望與恐懼的交替循環中逐漸壯大。我們在曼陀羅這個象徵完整的圓輪之中，找到內在的方向。它是一個羅盤，超越我們做的計畫與訂下的目標。

健康的心智，包含身體每一個細胞，就像一個整潔又靜謐的房間。裡面住的人只有你：健康的靈性我之中，是健康的自我，而且永遠不會有他人或別的東西進來。這間屋子就是宇宙，裡面是所有生物和各種活動——因為在你自己與世界之間，沒有內外之別。

在這個房間裡，沒有出於恐懼的尖叫，沒有得不到滿足的渴望，也沒有羞愧或悔恨讓你在牆上捶打。牆上也不會塗滿「你應該、你該做卻沒做、你不要、你不會」這些字眼。

房間經常有訪客，但沒有千年鬼魂或最近的心魔糾纏，也不會被新仇舊恨弄得凌亂不堪。恐懼和依附就像登山客一樣通過，既不取走什麼東西，也不會留下什麼東西。悲傷也如往常般通過，因為房間裡總會有些東西耗損，令人難過。但這裡通常是個充滿歡樂、來者不拒的房間，你不會想逃走，而是在裡面找到庇護，也在這裡得到很多東西，讓你願意分享出去。

這間寬敞的房間不是密閉的，有四面大型落地窗：

東面：日出——即將發生的事，你在承受。

西面：日落——即將落幕的事，你在放手。

南面：陽光普照——你的生命能量、想像，還有隨性的自發力。

北面：北極星——你藉以活下去的穩定靈性力量，一份健全而智慧的愛。房間的正中央，是對人性與靈性無條件的認可。

我們每個人都是想朝四面八方擴散的宇宙。當你感到恐懼、抗拒挑戰或不願面對落幕後的幽暗，原本安靜的房間，東面與西面都會變得吵鬧。

當你還沒找到自己的靈性基礎，北面是喧擾不安的。當你阻礙自己的潛力，隱瞞或逃開你的愛，南面是嘈雜的。

辨識一段關係健康與否的方法，就是處在這段關係中，不緊閉任何一扇窗。

誰打開了我的窗？誰把窗關上？誰讓我知道我的窗戶在何處？

拿起筆，畫出這個曼陀羅房間，然後在每一扇窗寫下相應的事件與選擇，還有當下你生命中四個方向正在發生的事。有那些事你會應允？

印度教有個祭拜習俗，是在聖壇上把八朵花排列成羅盤的樣子，讓聖壇變成宇宙的中心。**我該在哪裡擺設我的八朵花？**

念出這句宣言：我敞開自己，迎向等待我的一切——也就是眼前出現的所有阻礙。我不加以抗拒，我有豐富的資源來面對。

害怕獨處

一隻沉默而耐心的蜘蛛，
我注意它孤獨地站在小小的海岬上．
注意它怎樣勘查周圍的茫茫空虛，
它射出了絲，絲，絲，從它自己的微小身軀，
不斷地從紗綻放絲，不倦地加快速率。
而你——我的心靈啊，你站在何處，
被包圍、被孤立在無限空間的海洋裡，
不停地沉思、探險、投射、尋求可以連結的地方，
直到架起你需要的橋，直到下定你韌性的錨，
直到你拋出的遊絲抓住了某處，我的心靈啊！

——惠特曼

仔細想想這個畫面。蜘蛛望向前方沒有橋樑的巨大裂谷，牠沒有因為看似無望的情境而手足無措，而是積極地反求諸己，運用牠天生的活力搭起一座橋，狄金生將此稱為「珍珠之絲」，蜘蛛乘著牠自己的能量穿越深淵。

詩寫得好，「我們的心靈就是絲、絲、絲」，足夠讓我們度過生命的挑戰，面對任何可能。我們需要的橋樑都能從自身尋求，需要造多長的橋都造得出，沒有限制。我們也相信，我們吐出來的蛛絲一定能抓到某一點！這首詩證實了我們生命能量的存在，也認為我們都有足夠的內在紗線（心理資源）幫助我們橫渡任何峽谷。當我們談及害怕獨處，就必須從這一點開始。

害怕獨處最糟的部分，就是以為自己沒有絲線，認為內在沒有足夠的資源，不能吐絲造橋。這就是神經質的獨處恐懼中會興起孤立感的真實意義。你會深信自己一定有過錯：「我孤單一人，是因為我沒有東西可以對別人付出。」害怕獨處的感覺，只是反應兒童早期的匱乏。因為以前都沒有人讓我們展現這份能量，所以我們從小就開始懷疑自身的潛力。在兒童時期完全受家長控制的人，可能會有「服從是生存唯一方式」的認知。兒童心理學家愛麗絲．米勒（Alice Miller）說：「被教導要服從的人，怎麼可能單獨面對生命種種而不感到空虛？」

如果你從小就聽大人說你的感覺不重要，這樣的說法會直接貶抑你的生命能量，你會比較容易產生孤寂感。當你持續被要求走開，甚至因為你「很壞」而被趕回房間，孤寂感也較易發生。此時你可能會把「孤立」與「不好」連在一起。「他們不喜歡我的時候叫我走開，所以當我被孤立的時候，我是不被喜歡、也不值得被喜歡的。」如果你在小時候長期處於單調乏味和缺乏刺激的情況中，父母親把你丟給玩具，而不是提供一個良好環境來幫助你的力量活躍起來、讓潛力得到激發，你之後也比較容易感到孤單。

如果這麼多年來，你不曾努力瞭解自己、自我滋養，那麼你的絲線就會變質、毀壞。舉例來說，一個習慣靠依賴關係或上癮物質來處理獨處的人，很可能會失去取用內在絲線的能力與管道。害怕堅持立場或害怕依自己最深的需求和欲望來行事，換言之就是沒辦法做自己，那麼最後的結果，可能是會對獨處感到恐懼。「他們會為了這件事而遺棄我……」

一旦獨處與恐懼相連，後果就是孤寂感。孤立、隔離的元素，正是恐懼發生的起點。孤寂感會出現，是因為你把「我實在沒辦法照顧自己」的想法添加在獨處之上。你可能會用情感關係作為你躲藏的地方，「我對親密關係沒有任何恐懼，我需要這段關係。」但是在這份「勇氣」的表相之下，很可能是：「我實在太害怕獨處，所以時時刻刻都要是『我們』，找另一個臂膀讓我依靠。」

以下的想法可能會潛伏在害怕獨處的情緒裡：

- 因為沒人要我，所以我只能自己一個人。
- 沒有人想跟我在一起。
- 我沒有什麼東西可以給予。
- 這件事我一點辦法也沒有。

- 我完全無能為力。
- 事情絕不會變好。
- 我覺得自己不如那些有能力過快樂人生的人。
- 我被限制了。
- 我控制不了自己的情緒。
- 我也許會感到悲傷。
- 我可能會有恐懼感，而且被這樣的感覺擊敗。
- 也或者，我沒辦法做什麼事來改變它。

當你把「動作」視為「互動」時，就有可能出現孤立感。比方說，當你走進房間，發現你的伴侶正在看書，沒有抬眼看你，繼續埋頭書中。你可能會把她沒做出來的動作解釋成：「她不在乎我，我對她不重要，我甚至不值得她把眼睛從書本中移開、看我一眼。」孤寂感來自這樣的恐懼或想法。我覺得被排斥、被孤立，而且孤單。很明顯的，你在一段關係中形成的孤寂感，會比你在單身時形成的孤寂感來得強烈也更加嚴重，因為這牽涉到被你特別在乎的人所排拒。**狄更斯的書會比我更有趣嗎？**德國發展心理學家艾里克．艾瑞克森（Erik Erikson）曾說：「如果這張臉只是在看別的地方，為什麼我們要想成這張臉是故意轉開？」

從心理學來解釋，成人認同的內在，具有無限生命能量的核心，它的心理界線是我們所知曉也加以維護的；但它的靈性界線卻是無邊無際的。靈性的界線，還有健康的心理界線，都不會限制內在生命力的核心。這就是我們自己——跟蜘蛛一樣，永遠擁有夠用的絲線！

如果你開始運用內在的能量，你就能找到活力，跟那隻不吵不鬧、有耐性的蜘蛛擁有相同的生命力。事實上，每一朵玫瑰、每一隻蜻蜓都在做相同的事。它們全都歡天喜地活出它們的生命核心。生命核心一方面受到保護，另一方面也不需要任何保護。但如果你的做法是「我不完整，我需要別人或其它事情才能讓我完整」，那麼你就沒有機會找到你內心那些等待你發掘的絲線。

有兩個矛盾會浮現。第一個就是：我被外界排擠了，但其實並沒有外界！存在是一種同時發生的經驗，不管我有沒有察覺，我跟外界確實有連結。認為每一件事都各自獨立且不相干的感覺，只是一種幻覺。第二個矛盾是：我們只有在遭遇自己的空虛時，才會發現空虛的存在。當你跟它相處時，單純地允許自己注意空虛而不是逃開，漫長而孤寂的夜晚只是拉開了空虛的序幕。你的內在會有一股可靠的能量，你看不見，也不會輕易地找到它，因為它不是一個「它」。它甚至也不在內在，因為根本沒有內在或外在。你就處於其中，就像葉片處在某個環境裡一樣，你屬於整個環境，這個整體環境的一切全都環環相連。所以，你以為的隔離嚴格來說並不存在，這是人為的，不是自然形成的。

經過選擇的孤寂則具有無盡的連結，這是孤寂的相反，因為在孤寂當中是沒有連結的。一名僧侶，當他相信冥想有益於周遭世界時，他會對世界形成連結，而不是隔離感。他的孤寂是歡樂的，而不是孤單的。

功課　如何處理孤寂

跟處理恐懼一樣，成年人也有處理孤寂感的方案，讓人不會只是被孤寂感所俘而動彈不得。這個方案就是感受孤寂，不去抵抗它，並從自身與全世界找出支持我們的資源，擴大我們的重心。

處理孤寂有個實用的方法，就是好好陪自己、不遺棄自己。相信你自己，就能從鏡中看見你。能陪自己多久，再多加一分鐘就好，然後每天把時間拉長一點點。每增加一分鐘，你的力量也會隨之加倍。對自己無條件的愛，就是當你陷入最惡劣的處境時，你還是愛著自己。此外，你要做的功課還包括：哀悼失落、展現自我肯定的態度、全心全意地行事、做出讓你有幸福感的選擇。當你做到這些，就能找到自己真正的秉性和性格，更能創造出完整感。

榮格曾說：「孤寂並不存在，存在的只有不斷增長的全部（all-ness）。」當你讓自己感受全部的情緒時，你就是全部的自己。榮格還說：「當我們在心靈的迷宮徘徊時，會有一股莫名的欣喜讓我們安於當下的路。我們不會找到令人窒息的無聊，而是內在的伴侶。當我們踽踽獨行，同伴就會出現。」

等到你終於願意一個人起程時，同伴就來了——不管是靈性上或實體上的同伴。此時，在你跟你的世界之間，將有一段內在的伙伴關係發生。這樣的連結會推翻孤寂帶來的隔離感。和天地宇宙的連結，即是聖多瑪斯（St. Thomas）對靈性的詮釋。

展開創新的行動，就代表要冒著令人失望或失去憑藉的風險。每一次的失落，裡面都會伴隨著一段相關的進展，有了這段進展，我們便能承受失落。這是我們人類相當奇妙的能力。

所有可能發生在我們身上的事件本身都有這樣的相關性，它發揮了協調均衡的功能，創造我們與之達成協議的可能性。舉例來說，有了失去，我便開啟了哀傷的程式／能力，也就能徹底處理它。而哀傷牽涉到遺棄，你被某人或某件事物拋棄時會感到悲傷。哀悼的工作會帶來一股平衡的力量，那就是你並不會拋棄你自己。你不會離開，而是留下來感受自己的情緒，就好像陪著一個小孩，聽他一而再、再而三地告訴你他的夢魘。這個工作就是如此地溫柔。

功課

與孤寂共處，而不是與它對抗

寂寞的巨獸突然出現，想要控制我。孤寂渴望鏡映（無條件的接受）和連結，這兩項是我很久以前就失去的。孤寂是定居在我心中的苦痛。它是我一生中一直存在、對於被拋棄的恐懼感。我必須費力地穿越這片曠野，只有通過它，才能進入成熟期。

巨獸跟我中間夾著我想念之人的臉龐，或是渴望同伴的感覺。當我把某人想成是解救我的屠龍勇士聖喬治（St. George）時，我只是在閃避巨獸而已。矛盾的是，真正的解答並不在於誰來拯救，而在於我是否無條件地接受孤寂，讓它不受阻礙地在我身上走完它原定的路線。只有自己出馬來馴服巨獸，才能安心地試探自己的脆弱，以自我培育的方式讓自己的力量增強。

感到孤寂，代表你有一個正在癒合的傷口，因為你終於在感受它了，也就是容許這份感覺進入意識層面，這裡才是你能真正面對恐懼並與之為友的地方。

我的潛意識告訴我，如果沒有這個人、沒有性愛、沒有新的伴侶，我會活不下去。當我意識到這些想法，甚至用話語表達出來時，可以很容易發現其中的不合理，對這些的需求也會隨之降低。在所有我與他人的關係當中，只要巨獸來襲，我的做法可能就是讓某人擋在我和巨獸之間，藉以武裝自己。

當我認為你就是我需要的人，我的目的只是在追求最小的風險：慰藉、散心，還有當下的抒解。我的痛苦來源並非因為你不在，即使你在我身邊，也不會讓我擺脱苦痛。這只會讓痛苦蟄伏在我的潛意識裡，只有在這裡，它才能真正傷到我！

怪獸存活在我的潛意識裡，從那裡汲取牠的力量。當我坦率而勇敢地與怪獸相處時，牠會向我低頭，原本巨大的身軀也會變得像寵物一樣迷你。當我因孤寂感而生出恐懼或羞愧之心時，就是把自己最珍貴、最柔軟、最迷人的一面隱藏起來，瘋狂地想要變成刀槍不入。我甩了自己一個耳光，還以為這是在自保。

會甩自己這個耳光（每一次都是對自信心的打擊）是基於以下的錯誤認知：

- 對我自己：這種孤寂感讓我怕得要死，也讓我束手無策。面對它時，我是完全無助的。沒人愛我，沒人想要我，以後也會是這樣。
- 對其它人：沒有你就沒有我。沒有你，我就無法做自己。（當我發現你不適合我，我卻仍然認為你是我的救世主，我做了一個很不划算的決定，以為我覺得「這是我能做到的最大限度了，反正我只值這麼多。」）

療癒工作很簡單，就是與自己的孤寂共處，慈愛地呵護自己的感覺。我不理會其它人的條件反射，而是不斷回到我身體正在感受的情緒當中。當我直視孤寂，溫柔地對待它時，原本孤寂對我扮的鬼臉將失去殺傷力。

在自我鏡映的過程中，我用明白事理的家長對子女諄諄勸導的口吻說：「我知道你現在很難過，也知道你很想他。沒錯，你跟他在一起雖然很開心，但是他沒辦法真正治好你的傷痛。你嘗試那麼多次都失敗了。不如試著從你自己開始，多陪自己一分鐘。只要你願意好好地凝視你自己，你將發現苦纏多時的巨獸和他的身影都會急速地消失！」弗洛伊德已經說出一個美好的結果：「當我們感覺被愛時，就會變得勇氣無限！」

渴望，是任何一個具有七情六欲的人絕對合理、也符合人性的感覺之一。渴望顯示了我想要什麼卻沒得到的落差。藉著承認自己的渴望，就像承認孤單一樣，我選擇讓這份渴望的力道與失望的感覺加深。大膽而坦誠地鏡映這份渴望，會讓我更能接受它。當我不再因為發現渴望而感到恐懼或羞恥時，透過允許內心的脆弱，也讓人知道這件事，正是我對自己的尊重。也只有這樣，我才能知道我真正要什麼，也才會在擁有自己的力量時，可以自在地展現脆弱的那一面。

我的功課不是做到「不再需要你」，而是先把需要給自己。我不會向你要求、渴望或乞憐，只會單純地請你跟我在一起。這份讓我解放的誠實，會告訴我該如何回報你。在孤寂的刺激以及渴望有你陪我的反應之間，我先讓自己暫停。透過這種方式，我強化了建立親密感的技巧。這些技巧當中，其中一項就是接受那些你無法給我慰藉、卻仍然愛著我的時刻。

每一次成功進行了孤寂與渴望的自我鏡映時，嶄新的感知力便會開始在我體內形成，讓我變成自主的成人，只有這樣的成人才有付出愛的能力。因為我照顧到自己的孤寂感，容許孤獨，不會跑去找別人來填補空虛。我停止用如此依賴的方式擁有你，所以，當我學習去擁有我自己時，我們才開始擁有了彼此。放棄對你的依附，使我們能夠真正地合而為一。

◆莎莉斯特的故事

卅五歲的莎莉斯特，與人交往從來沒辦法維持超過一年。她非常害怕被甩，所以習慣性地黏著男友不放。不管她的男朋友花多少時間陪她，她總是要求更多。莎莉斯特認為男友的時間全都屬於她。有這種想法是因為她害怕獨處。她不只是扣留男友，她已經到了箝制對方的地步。所以每當男人發現她是緊迫盯人的那一型，便會離開她，因為跟莎莉斯特在一起只有壓力沒有快樂，陪她變成一種義務，沒辦法選擇。

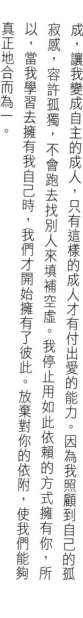

莎莉斯特也害怕跟她交往的男人對她不夠忠誠。在公開場合時，她會緊緊看住男朋友，私底下也經常懷疑男友的行蹤。當她的疑心病升高時，甚至會在凌晨三、四點開車到男友家檢查他的車子有沒有停在車道上。雖然被懷疑的男友不知道此事，卻也能感受到莎莉斯特的妄想而備受困擾。

這一次，莎莉斯特又處在跟男友塔爾鮑分手的邊緣。她覺得塔爾鮑很快就會拋棄她。她的恐懼感變得很強烈，因此急著想要挽回。她知道塔爾鮑經濟不寬裕，便自願借他一筆為數不少的錢。莎莉斯特的意圖是想用錢來賄賂男友，不過心術不正的男友卻不這麼想。他很清楚莎莉斯特借錢給他的動機，這讓他有機可乘，收下錢後不到一個月就甩掉她，錢根本不打算還！

莎莉斯特在幾個月後，工作也丟了，現在的她可說是一無所有：她一生的積蓄都給了塔爾鮑，沒工作、沒錢，也沒有男朋友。她以前從來沒有像此刻那麼孤立無援，害怕到令她想死。她真的想要自殺。她已經無路可走，也無路可退了。

可是，莎莉斯特的內心有某樣東西勝過她的恐懼，那就是她的自我。她開始感到憤怒，不但氣自己的犧牲，也氣塔爾鮑和以前那些男人，她認為這些人都在利用她。最後她決定用不同於以往的方式展開行動。既不是想辦法讓塔爾鮑回心轉意，也不是再交新的男友，而是請律師。在律師的協助之下，她向塔爾鮑提出還錢的告訴。官司打贏了，塔爾鮑也同意還錢。這是莎莉斯特第一次感受到自己的力量，不只是因為告贏，也是因為她不再那麼想要塔爾鮑。應該是說，她不需要任何男人了！

莎莉斯特被自己的轉變嚇到了。而她所有的朋友也都很驚訝，因為他們以前認識的莎莉斯特身邊一定會有男人，不然就是在找男友。所以朋友們覺得這個情況一定不會維持太久。其實莎莉斯特和她的朋友都沒有理解到，她已經找到了自己的力量，而且這股力量比任何男人更值得放心。

第3章 面對空無

空（emptiness），可以指空虛或空靈。禪宗修道者講究的是空靈，以及一種既不消極也不可怕，而是正面、喜悅和無畏的存在感。在我們的內心裡，大膽無畏是位於何處呢？它恰恰存在於我們所害怕、以為是空虛的空間裡。弔詭的是，令我們害怕的東西，剛好就是讓我們免於恐懼的推動力。

空虛感會導致兩種感受，那就是孤寂和無價值，兩者都和「低自尊」畫上等號。「空靈」及「和宇宙萬物有連結感的孤寂」會引導出我們內在的自我價值感，因為我們知道，自己不必刻意做什麼事，就已經很完整了。價值是出自我們的內在（如同蜘蛛的絲），而不是看我們完成了什麼事。但是，因為「人的本性厭惡空白」，所以我們只好用戲劇、故事情節和成癮行為來填滿這些空白。看起來好像是把空洞填滿了，實際上我們是在挖洞。

當我擁有「和宇宙萬物連結的孤寂」和內在的價值感時，發生在我身上的一切，我都會歡喜地接受，我會無條件地應允當下和未來的種種。那麼，這種「空」就不會是一個洞，而是完整：**我即一切，一切即我**。

如果是活在那些戲劇和故事裡，我會做的，便是用盡全部的力氣來固守那些看似能充實生活的事物。只要我願意接受、願意容納，我就不會有所執著，也會得到一種被天地宇宙包覆的感覺，這是一種靈性的姿態。

空虛感

人類在獨處時，可能會與空無面對面，這是一股不間斷的、內在黑暗的空虛感。〈啟示錄〉（默示錄）中說：「揭開第七印的時候，天上寂靜約有二刻。」天上的寂靜，就是沒有聲音對你說話，不管你多認真去聽都一樣，你感受到的就是空無。這是精神上的恐懼，因為它跨越了生死與人類治療。

在空無中，你不可能把空虛轉為空靈。你能觸及的只有空虛。空無會排拒人的意志和思維，也會排拒我們的靈修。當你意識到失去一切，令你驚慌的被遺棄恐懼感會被引發出來。你會覺得自己遭天地所棄，也被你信仰的主宰所棄。簡言之，空無代表著所有無形支持和有形支持的消失。原本對你有用的東西，現在不再發生功用，好像一夕之間你的連結都被取消了。

如果祈禱能幫助你擺脫空無，那你擺脫的就不是空無了。如果做某項活動能幫助你擺脫空無，那也不是空無。如果某個人能替你解決問題，那更不算空無。吃藥會好的也不能算。總而言之，如果任何東西能派上用場的，都不能叫空無。空無是人生中某個什麼都起不了作用的時刻，一個人一生當中可能發生一次、好幾次或無數次，每一次也許只有一個小時那麼短，也許會持續十年之久。

從榮格的觀點來看，空無代表與孤兒的原型合一。每個人的心中都有一個孤兒，一個沒有父母依靠、被遺棄在外、沒人要的小孩。這是存在於我們內心，沒人想要、沒人照顧、甚至沒人想去牽一下的小孩。有時我們發現自己處在一種沒人能幫忙的情境中；沒有人替我們收拾善後，把我們帶離可怕的空虛。這是人類潛意識中一種合理的原型，是天地間存在的一種狀態。

空無的出現會使自尊心受到傷害，因為我們會想：「我一定犯了什麼大過錯，這件事會發生，絕對是因為我做了什麼。」或者「我沒有資源，沒辦法跟它對抗。」有時候我們會失去對抗和征服的能力，這是一種非常合理、也符合心理學的態度。即使我們只是單純地面對生命中的空虛，不管花了一分鐘、一小時、一個月或一年，而沒有習得什麼能力去處理它，這也是我們的權利。這是人生旅途中你不必加以干涉的時刻。英雄有時候要去屠龍，與巨龍面對面，但他也有束手無策的時候。他也會打敗仗，暫時似乎沒有希望。俠盜羅賓漢若離開自己的地盤舍伍德森林，在地牢裡也只能一籌莫展。只消一刻鐘的時間，空無便能將我們囚禁。

在希臘神話裡，旅途中的賽姬（Psyche）沒辦法完成阿芙羅迪（Aphrodite）要她把穀物分類的工作，最後她得到來自地底的螞蟻之助而順利完成任務。就和賽姬的任務一樣，空無也不能分類，我們能做的只是相信大地，只是大地也許沒辦法像解救賽姬那樣快速地行動。

空無也不是談及憂鬱時的另一種形式。它是我們精神生命中的一起靈性事件／危機。它是真正的孤寂，就像耶穌三度經歷的孤寂感。第一次是當他在沙漠時遇到「影子」。第二次是他在客西馬尼園（革責瑪尼園）預見即將來臨的災難時，他要求門徒支持他、幫助他度過流血與流淚的夜晚，可是他們都睡著了。此時沒有來自天上的聲音，也沒有來自地上的朋友幫忙。沒有什麼可以救他。第三次，也是最糟的一次，就是當他被釘在十字架上，對神喊出「為什麼捨棄了我？」之時。處於被捨棄的空無當中，「我被遺棄在這裡，被拋下，人與神都不照管我，沒有人來關心我。」在最後一次遭到背棄、處於孤寂之中的時候，他總算窺見了完整的人性。所以說，空無至少需要出現一次，我們才能得到做人的紅色英勇勳章。

在空無裡，你就像一個找不到立足點的自由落體。沒有東西讓你抓，也沒有人會抓著你，給你一臂之力。你所處的環境讓你無從理解，更無法加以掌控，似乎看不到盡頭。狄金生有一首詩，開頭這麼寫：「痛，含著空白的元素；在楚痛開始，或是有一天，痛已不再痛時，都無法記憶。」寂靜看似無盡期，如同沒有光亮的黑夜。如果你說服自己，隧道的另一端將浮現光明，那麼這樣的寂靜就不再是空無。

你的心智並不會想：「這是不是我正在經歷的一個過程？」而只願意相信：「我陷入淒涼的靜默，這個情況永遠不會結束。」事實上你最害怕的，是你不會死！空無一直被稱為「靈魂的黑夜」或「縈繞不去的幽暗」。它並不是全然的孤獨，不是全然的寂寞，它也不只是絕望或隔離。這些元素都只是一部分，再乘上一百倍才是空無。

究竟是怎麼一回事？「自我」的兩大利器——「控制」與「爭取應得權利」——現在都無法完全施展，自我正面臨挑戰。神經質的自我想掌握完全的控制，避免發生目標沒辦法到手的可能。我的自我也相信我應該得到良好的照顧，每個人都要愛我。在空無的情境中，控制權與一切應享的權利都被取消了，因為「我控制不了這個，我也不覺得自己應該被拯救」。自我現在才發現了它的真實情況：它不是堅實的、不是萬能的，也沒有強大到足以面對每一件可能發生的事。

自我沒有真正的基礎，也沒有真正的準則。事實上，你的內在並沒有一個分離的、帶著權力的本體。真正在裡面的，就像禪宗所說，其實什麼都沒有，只有空間，空虛。自我認同的內在核心難道是虛構的嗎？你的空無會告訴你：「是的，現在你該知道了。」

失去自我的可能性，會讓自我陷入恐慌。如果我放掉控制權，也放掉我應享的權利，我就不會成為我，也會失去自我。失去自我認同、感覺不到自我的存在，將形成心理上最深刻的精神恐懼。這就是處於空無的態勢。「如果我放棄對伴侶或小孩的控制權，那我就誰也不是了。」對於擔心受怕的自我來說，放手就等於毀滅。這是因為沒有靈性的階梯。

自古以來，恐慌感與自然是連在一起的。潘神（Pan）是自然之神，恐慌（panic）這個字就是從他的名字衍生出來的。到了之後的基督宗教時代，有角、有尾巴的潘神變成了魔鬼。這樣的轉變潛藏了一種觀念，就是自然不值得信賴，而且自然會把你丟進混亂的恐怖當中。這等於是在否認**混亂也是人類演進中的合理階段**。到最後，這就是對創造力的徹底否認，因為聖靈（聖神）就是自沌混的水中孕育萬物、創造宇宙的！我們想要反對自然，想對其加以控制。然而，自然就跟空無一樣不能受人所控制，也沒有必要控制。

此時此地，我可以選擇安處在空無裡，把它想成一匹馬，雖然這是一匹如同幽靈般蒼白的馬。這麼做，是認可自然界駭人的一面，讓我陰暗的那一面出來糾纏我。或者，我也能選擇臣服在自我之下，朝著一匹死馬劈下去。我還能選擇對抗純粹的空虛和缺乏認同感，接著，奇怪的事會發生：我發現自己害怕到無法自衛，我想不出任何解決之道。我的理性失靈，我的防衛機制也失常。沒有能力理解。沒有覺悟，沒有好言相勸，沒有安慰。什麼都沒用。無助的自我終於看清了最根本的現實：「我只是個東拼西湊的傢伙。」

我們生命中的所有策略都只有一個目的，就是東拼西湊地湊成「我」這個人，讓我把日子過下去，不必去面對我的空無。現在我必須去檢視這個最黑暗的角落，檢視我的存在，不再去尋求解救。**我是不是一直在利用這一切（包括我的信仰）來閃避空無？**

第一次，我見識到自我是那麼擅於欺騙、那麼卑微、根本不值得依賴。這讓我不得不質疑我對於伴侶的愛、對家人的愛、或對上帝的愛，真實性究竟有多高。我更清楚地察覺到，這些關係當中都存有一股不太光明的動機，讓我發現自己不是原來我以為的那樣子的人。我似乎不像我以為的那麼清白。我以前自以為知道的事，現在看來，彷彿不是如此。每件事都遭到質疑，我看見我的陰影。我譴責自己。隨著恐慌的襲來，我的自尊更是杳無蹤影。

我們為了對抗空虛感而築起的堡壘其實是紙糊的，不管過去還是現在都是如此。當巨大的深谷在我們面前崩裂，又沒有橋樑銜接的時候，這座紙糊的堡壘將輕易地隨風散去。我們因此墜入深淵，不但沒有機會翻身，也沒有人從上方丟下救生器材來搭救。以前經常解救我們的人，現在都令我們失望了。法蘭西斯．湯普生（Francis Thompson）在其詩作〈天犬〉（The Hound of Heaven）中說道：「是的，現在都已破失：夢和作夢的人，琴和彈琴的人；連結的幻想會變形：連羈絆都不夠強健……」一切都抓不住了，一切都再也不能像以前那樣。長袖善舞的自我與它的謀略及魅力，如今奄奄一息地倒在這場令人生畏的陰謀當中。

第一次，我逐漸明白，安全感是暫時的，不是永遠的狀態。實際上，安全感是指：「我成功擊退了必須面對內在空無的可能性。」在以前，如果沒有找到值得信賴的救援者來幫我擋，我是不敢直視這個終極情況的。我緊抓住一切，極欲控制一切，宣稱我應得的權利，展現雄心抱負，追逐名與利……這些都是自我保護的做法，目的就是不讓自己掉進空無當中。我以為能支持我的那些慣常行為、防波堤、故事和所有人，都被我夾在「我自己」和「交出自我」的恐懼之間。所以，現在我只是讓一直受我控制、被我掩蓋的人生悲傷，有一個宣洩的機會。

我們不會去扼殺健康的自我，還要好好維護功能性的自我，來帶領我們越過人生的旅程。我們現在針對的是神經質的自我，也就是必須把它的假面具摘下來。

掌管自我崩解的神祇是個惡作劇精靈，祂有一部分也是陰影的原型，同時又是鬼牌，用幽默狡詐的方式讓我們知道自己是多麼的不智。莎士比亞在《理查二世》（*In Richard II*）的劇本裡描述坐在王座旁的惡作劇精靈：「因為圍繞在凡世國王頭上的這頂空洞的王冠，正是死神駐節的宮廷。妖魔高坐在裡邊，揶揄他的尊嚴，嘲笑他的榮華，准他在一個瞬間，小小的場面，讓他稱孤道寡，受眾人敬畏，以眼色殺人……」這便是想要掌控、享有權利的寫照，「彷彿包藏我們生命的血肉皮囊是一堵銅牆鐵壁一樣。」我們以為自己有力量永遠掌控，「當他這樣志得意滿，末日卻近在眼前（努力對自我獻媚，讓自我相信這場騙局的惡作劇精靈最後出現），一枚小小的針就可以刺破他的壁壘，再會吧，國王。」在神不知鬼不覺的情況下，惡作劇精靈破窗而入，進入我們的神經質自我。

我在一所學院教書，會用到影印機。有一天我又去影印，影印前要輸入正確的識別碼。這個動作我過去做過無數遍，但這一次螢幕沒有顯示「開始影印」，而是「錯誤碼」。這台機器釋出的訊息，就是我的身分無法識別。所以我再一次輸入相同的數字，結果還是出現相同的訊息：「錯誤碼」。我沒辦法說服這台機器。這組號碼已經用過一百多次，現在竟然失靈。

現在我對影印機來說，誰都不是，但我沒辦法，也找不到人幫忙。我的狀態是身分不明。機器不是說我的額度用完，也不是說我已經沒有權限使用它，而是說沒有我這個人，沒有人用這組號碼。

對我來說，這就是空無的表現方式，因為空無發生時，正是這種情形。你會得到一種印象，讓你感覺原來可辨識的身分再也無法被辨識，而你無法證明你的存在。

我不介意我的身分被取消或使用權限被拒，但我還想影印！我能做的，只是把這個情形通知學校的負責單位。

到了這裡，這個類比就不再適用，因為在你感受到空無時，是沒有人可以通報的。沒人可以求助。就像三審定讞一樣，沒有上訴的管道。你過去使用的手法和策略也許可以處理不算嚴重的憂鬱和恐慌症，但這一次什麼方法都不管用，全部失效，沒用了。原來有效的那些手段現在成為一場空，你被視同無效，你正處於空無當中。

自我的空無

事實上，空無指的是失去了那些自我保護工具和界限的「自我的空無」。空無之所以令我們痛苦，是因為它是那個內在無形世界的精密複製品。在那個世界裡，沒有界線、沒有身分，也不需要掌控什麼。空無可能會顯露我的真正身分，一個沒有邊界的身分。我就處在這個空間當中，生命中其它一切僅僅是填充物而已。這是不是表示，**我所謂的支持，可能只是一道道限制我活動範圍的牆？**

空無以這種非常奇怪、曖昧又不失靈性的機敏，把我帶到自己的閘口。**對於空虛的這份恐懼，就是自我的真正樣貌**。恐懼驅使我們做一切會分心的事來填補空虛，找尋各種可能的慰藉來讓空虛消失。換個方式說，就是「我害怕做自己，因為做自己表示事情不在控制之下。我害怕無條件的存在（unconditional being）。我認為存在應該有先決條件，至少要有一些自己的習慣，還有安全的空間可以遮蔽。」的確，空無就是要你跟無條件的存在面對面，不能逃跑。如果用冥想的方式，我能不能允許自己**跟空無相處，讓自己放開**，接收那些直到此刻仍被視為禁忌的訊息呢？

空無跟藏語「中陰」（bardo）的概念很類似。中陰的藏語發音為「巴爾多」。「巴爾」指的是「在……之間」，「多」意指「暫停」。多麼精奇的語彙！這二個字都不帶任何憑恃之意。你絕不能「在……之間」抓住什麼，也沒辦法在「暫停」的時候攫取到任何事物。中陰是人在臨終時脫出肉體的過程。這兩個概念也適用在自我的死亡：在「自我」與「自然」之間暫停。一件事結束與開始之間的缺口，成為屬於我們的一切，全是最真實的我們。

在暫停的處境裡，所有的不實偽裝和防禦工事都會崩壞，因為沒有一樣是真正願意幫忙或能夠幫忙的。現在我就是暫停，處於無物與無物之間。狄金生以蜘蛛為題的詩作中寫著：「牠往返在無與無之間……」這樣的空，不需要特別的行動。想像一下靜坐樹下的佛陀，或是十字架上的耶穌，都是人生旅程中註定要暫停的時刻。

空無的概念雖然可以用缺口來比喻，但也不全然如此。因為缺口存在於兩個很清楚的點之間。我以前結過婚，也計畫再婚，所以我現在處在兩段婚姻的缺口當中。但空無不是這種缺口，因為沒有一個地方是起跳點，也沒有一個地方是落下點。甚至有沒有人該跳，都很難說。

有人會期待缺口可以帶領我們從自我之死邁向重生，期待功能性的自我能夠找出靈性真我的主軸，追求靈性與心理的合一。我們不應做此期待，雖然進入空無後，某些東西會凋亡，卻不能保證一定會更好。這就是為什麼我們不稱它為缺口，而稱之為空無的原因。

我們走向的是生命終點的墳墓，亦或是孕育新生的子宮？這是我們對墳墓的疑問，沒有答案。其實在空無的情境中，最適當的靈性禮節應該是無知：不知道我們是走向新生還是死亡。狄金生說：「一切未定，期限彷如無盡，它脅迫著我，一如難纏精怪的蜂，就是不願張刺將我螫痛。」空無不會告訴我們，有什麼是我們不該知道的。它也不會告訴我們它的內涵，這是我們無從瞭解的未知空間。

進入未知之境，
我立於此處，渾然不知：
沒什麼該知道的……

——聖十字若望（St. John of the Cross）

來自空無的呼喊

我還有一趟旅程，大人，我馬上就要出發。
我的主上在呼換我，我無法說不。
我們得肩負這段悲慘歲月的重擔……

——《李爾王》（*King Lear*）

從宗教觀點來看，空無為聖靈所主宰，祂藉著最初的混沌之水孕育天地，帶來一切創造物。聖靈是女性之力，平衡了象徵男性能量的惡作劇精靈。母鴿抱著窩孵蛋，替尚未孵化的鶵鴿孕育生命。在這個空缺當中，老鴿未死，新鴿未生，以我們有限的意識，甚至不可能知道鶵鴿是否能夠破卵而出。

如果我們跨入下一個階段，體驗到重生，此時我們不再受到自我的桎梏，而是來到復活諸神的懷抱中，像是耶穌、歐西里斯（Osiris）[1]與戴歐尼修斯（Dionysus）[2]。這些神明掌管著我們本我的新生。重生可以透過瞬間的釋放，也可以像開悟一樣，按照步驟一步一步來，歷經一連串的轉變後才發生。中古時代走上煉金術的諾思替教派（Gnostic）認為重生是「精神世界」（Anima Mundi），亦即世界的精神形成了萬物的形式，卻依然存留在萬物的內蘊中。因此，煉金術正可以將靈性力量從物質當中釋放出來。當聖靈從混沌孵育天地時，她不僅創造出生命，更將自己的生命留給她所創造之物。這份靈性工作的目的，是將神聖性從物質中釋放出來，在本質中發現靈性。這剛好與恐懼自然完全相反！

第一個部分，也就是自我的死亡，跟耶穌受難日是相吻合的。那天是禮拜五，耶穌說：「現在是你們處在黑暗掌權的時候了。」這句話的意思是說，黑暗是旅程中合理而正常的一部分，到了最後，會有充滿希望的、週日的復活。這兩日的中間是「聖週六」，那時耶穌還躺在墳裡，而我們不知道週六會持續多久。

雖然最後的光芒自暗黑的西方離去，
噢，早晨，在東方棕色邊緣，躍出——
由於聖靈屈身其上，
世界在其溫暖的胸膛及，

啊！明亮的雙翅下孵化。

——霍普金斯

從英雄旅程的觀點來看，空無也可能是一種召喚。只有準備好接受召喚的人，才會被邀請到這個奇特的空間裡。因為在這裡，當你毫無雜念地與空無共處之後，一定會發現自己具備了還沒有機會施展的巨大潛能。你的目的地在於更豐盈的另一端，只是此時你還在空無之中繼續懸著。

禪宗講的「當頭棒喝」是讓你面對現實的警醒：你沒有支配權；一切都可能傾圮；以前有用的招術可能全部失效，而你只能束手無策，不知道接下來是重生，亦或是更可怕的精神痛苦。當代靈修大師多瑪斯．牟敦（Thomas Merton）將之稱為「在最終整合前的深刻存在危機」。先知約拿（約納）被吞到黑漆漆的鯨魚體內——他自己的潛意識，心想著他可能永遠出不來，但當他被鯨魚吐在岸上、重見天日時，他已經瞭解了接下來的新任務。又或者我們像是煉金器皿，轉化不正是在熔鍋（也就是折磨人的空無）中發生的嗎？約瑟夫．坎貝爾說過：「空無，是因為我們伸手摸不到，也超越不了。」我們唯一能做的，便是讓自己去適應最深的空無。

1. 譯注：埃及神話中的冥王，一位反覆重生的神。
2. 譯注：希臘神話中的復活之神。

維持暫停的狀態：無為

致虛極，守靜篤。

——老子《道德經》第十六章

空無不是一個地方，它是心智（mind）。我們唯一的選擇，就是停留在暫停的狀態。暫停有兩層意義：一層是你處在懸而未定的狀態，另一層表示你不清楚接下來的發展。此時，你不會像合理論者一樣，試圖壓制空無的作用；也不會像神職人員那樣祭出儀式或常規；更不會像精神病患一樣，被空無嚇傻或成為它的俘虜。你處在巨大的容器裡，容器是原型的靈性我（the archetype Self）。當你被容器所擁抱，不是你包覆著它，而是它包覆住你。

我們要靠著保持暫停狀態，才得以安然度過，如同我們度過母親的懷孕期那樣。現在，在大地之母的子宮（空無的另一種比喻）裡，我單純地停留其中。有時我們的心理成長功課很難，難得像必須哀悼某件事的結束那樣。有時功課會稍微輕鬆，跟學習如何確認某件事一樣。然而，暫停是所有功課當中最簡單的，只要留在原地，不必想辦法逃開；安於懸而未定的狀態，而不是努力去瞭解或改變當下。這可以用「漂浮」來形容，漂浮不是被動地浮在水面，而是因應水的浮力所做出的主動回應。

空無是全然的醒悟。你不再相信過去幫得上忙的幻覺或各種方法現在還派得上用場，不管是祈禱或個人魅力都一樣無用武之地。只要體會了全然的醒悟，我便永遠不會再感到絕望。我們永遠不再感到絕望，是因為我們永遠不會再相信有什麼東西是永遠有用。我們也放棄那最後的天真信念，以為總會有什麼人或事替我們服務，以為發生事情時我們總有辦法閃過，不必直接穿越它。我們已經準備好做出最勇敢的人類聲明：「我放手的，比命運能取的更多。」這表示我們再也不必做絕望的犧牲品，因為我們已經選擇它了！印度英雄人物阿朱那（Arjuna）坐困愁城時，他的絕望形成完美的空虛，召喚到奎師那的相助。耶穌的兩個門徒在去以馬忤斯（厄瑪烏）的途中，也在十足的絕望當中，發現他們想要的一切。

耶穌走入沙漠尋找空無，想在那裡待上四十個晝夜。猶太人離開象徵自我誘惑的埃及，在空無一物的沙漠中徘徊了四十年。釋迦牟尼在菩提樹下靜坐六年。上述每一個例子都在尋找空無，追求虛空，把自己放空後，才能變成煉金容器。如果空無代表不掌控，那麼空無也代表無我。虛空，指的就是放空自我。

上天的恩寵讓我們取得超乎我們智力或意志的力量，然而，享有恩寵的唯一障礙，就在於控制欲。因此，空無本身就是恩寵，它讓我們瞭解，自我在關鍵時刻是幫不上忙的。換句話說，空無是你通往恩寵的完美管道，它讓你暫停下來，帶來空白，因為你不再堅持控制一切，無限的可能便發生了。

當我效法釋迦牟尼靜坐樹下那樣，維持暫停的狀態靜坐，我就彷彿在心中進行一場過火儀式。過火讓我害怕，那會把我燒傷，於是我放下一切想壓制恐懼的姿態。現在我不做任何事來抗拒，因為我已經決定放下一切，不願再嘗試什麼了。所以我便直接向火穿過去，不再四處閃避。我維持在暫停狀態裡，此時的「我」是處於心的正中央，也就是相對於神經質自我的靈性我。靈性我徜徉其間的浩瀚汪洋，正是自我的溺斃之處。靈性我雖是中心，卻不要求一切事物必須以它為主軸。

當我單純地停留在暫停狀態，我的內在會滋生一股新的脆弱感，一股柔軟而不是更強大的武器。只要我開始耍心機謀略，我在空無中就會迷失得更厲害，完全無法保護自己。這就是被惡作劇精靈擺佈的下場！我是偶然被投進空無之中的，但現在既然處於暫停狀態，我就可以把這樣的偶然轉為我的選擇。我本來進到一座洞穴，結果它變成礦山，裡面埋藏著名為「無我」的鑽石。我的心智、我的神經質自我一直利用恐懼和欲望對我下咒語，讓事情依照我的意思發生。維吉尼亞・吳爾芙（Virginia Woolf）在寫下這段話時，指涉的也許正是無我鑽石：「事物逐漸失去它們的硬度，連我的身體也開始透出光亮。」

現在我發現了這顆不滅不朽不透、閃閃發光的「無我」寶石。換句話說，這是如鑽石般的靈性我的精華。一顆鑽石、一顆星星，還有我，指的都是同一物。這是我單純地停留在暫停狀態所發現的道理。自然的樣貌就是我的樣貌——既包含無常，也代表不朽。我像鑽石一樣，承受千百年來的重壓。我接受這樣的重壓與長時間的停歇，來引發這一切發生。空無會讓自我的戲碼暫停下來。這個暫停我一開始只是被迫接受，但現在是我選擇去接受。一旦這麼做，我便會發現不一樣的地方。然而，「發現」不能當成我們的動機，那就不叫暫停了。埋在地底的寶藏不一定會被開採出來。但若真的找到了寶藏，發現者絕不會是那些拿著鏟子或藏寶圖的人，而是靜坐在黑暗中的人。

這就像一個麵團被布蓋著不能見光，等待「醒」的過程。麵團必須**放在黑暗中**，「醒」的神奇力量才能發功。在這段「醒」的空白中，我們照常活動，麵團將在這段暫停裡面甦醒。如果我們把布掀開，往裡面看，麵團就不會醒。而我們之所以想要這樣做，都是出於我們想知道、想掌控、想分析的欲望和行為。我們可以不這麼做，只要讓自己處在暫停狀態中，想著麵團會不會醒成功即可。

當然，酵母菌的品質、揉麵團的功夫都有關係，這是自然的禮物加上人類的努力的結果。還記得榮格說過：「當我們無法支撐自己時，必須藉由獨處來發現什麼能支持我們。只有獨處才會建立堅固不滅的基礎。」我們只有在獨處時才能發現這個功課的目的，那就是讓所有想要發生的發生。

並非因為暫停有用，你才待在這裡，你之所以暫停，是因為這是你唯一能做的事。這叫做注重實際，而不是一種方法。你暫停，跟你靜坐冥思的理由是相同的。你不是為了開悟才靜坐冥思，你靜坐，是因為靜坐本身。能開悟很好，沒開悟也很好。榮格加了一句更樂觀的注解：「不管有什麼外部因素，心靈自有一段找尋目標的過程。」

當你保持暫停狀態時，外在環境看起來也許不是那麼支持你，你的朋友可能會建議你做治療或吃藥。放手讓世界崩塌，就好像大力士參孫（Samson）推倒神廟支柱一樣，整座讓人分心與給人慰藉的廟宇都因此而倒下。與自我有關的一切，參孫都任其倒塌，如同湯普生筆下所描述的「糟蹋的青春死去，沉埋在灰堆底」。沒有人會喜歡你因為暫停而製造出來的混亂。

是的，我就要這樣摧毀自我。
我接受空無，這是不容更改、最富裕的生存條件。

這不只是我的生存狀態，也宣告了我最真實的身分：像騙子般炫耀賣弄、偽裝做作，只是在施法趕走那片等待著我的黑暗。德國靈修大師艾克哈特（Meister Eckhart）說得非常清楚：「一切註定要失去，靈魂才能立於沒有障礙的空無之中。」立於沒有障礙的空無之中，正是處在暫停之境。

一切註定要失去，所有伎倆也一樣註定要失敗。幻覺消失後的醒悟終究會發生。有它的發生，才能讓我們立於沒有障礙的空無，進入中陰（巴爾多），即使處於暫停，卻依然站立。英國詩人威廉．布雷克（William Blake）說：「我必須全部放手，深恐審判日降臨，發現我並未自行毀滅，我將被處以自我中心的折磨。」也就是說，自我應該被徹底卸除，否則我一定反遭其害，成為自我的受害者。聖十字若望也贊同這個想法：「速速地，什麼都不留，我正徹底地瓦解！」神祕主義者，熱那亞的凱沙倫（Catherine of Genoa）也說：「我的我就是神。沒有其它的我。」**免於恐懼的自由跟放下自我是一樣的嗎？**

噢，聖靈……您自始便在當場作見證，
您曾把巨翅兒振，
如鴿樣覆翼洪荒曠境，
始它胎孕；我心中蒙昧，
願得您獨照光明。

——《失樂園》

安全的網

接影連輝成光明網。

——《華嚴經》

蜘蛛靠自己吐絲，編出珍珠之橋。高空秋千藝術家在做空中飛躍時，下面會張開安全網。在健康的自我和功能性的自我當中，原本就有一面生命早期織成的網。這是過去你在家庭環境的支撐下，以心靈連結（soul-bonding）的經驗為絲所織成的網。這面網是你在顯露自己的生命力時，來自母親或父親的鏡映。當你從父母親身上得到良好（不一定要完美）的照顧教養時，你的內心會形成一張網，如果你跌下去，你會安全降落在網上，甚至還會彈回來。

小時候沒被父母忽視的人，就會是這種情況。他們的情感沒有遭到遺棄，而是被鏡子投射出來。父母親對他們的愛，是愛到願意接受他們的感覺，也愛到能認可這些感覺。每一次愛的體驗，都將另一條絲再次織進他們內心的網裡，所以他們的信念就會像下面這首詩講的那般：「許多臂膀環抱著我們，許多事物為我們所愛。」他們在成長過程中知道自己被深愛著，也知道即使跌倒也不必害怕，有人會把他們接著。就連自願往下跳都沒關係，他們知道這是被允許的。他們的離去和個體化都是得到許可的。想要免除恐懼的自由，是要從小開始（或自小就沒有）。

雛鷹能展翅飛翔，就是靠著被母鷹強行推出巢外學來的。雄鷹在一旁盯視撲打著翅膀想飛起來的雛鷹，目測牠掉落的軌跡，再張開雙翼，把快跌落地面的雛鷹及時接在自己背上，然後送牠回巢。母鷹再一次把孩子推下去，雄鷹也再度飛身下去接，送子回巢。其實雄鷹的工作是母鷹指派的，只有牠能勝任。鳥巢的高度也經過仔細計算，根據雛鷹在學會飛行前需要被推下幾次而定。整個過程都是以讓雛鷹從跌出巢、被接起，到學會飛行為主軸所安排的。這就是心靈連結的意義。當我們歷經這樣的過程，就知道掉下去時，地上會有個慈父般的安全網等著接住我們。

一個充滿包容與扶持的環境，會在成人的生命中形成安全感。小時候得到愛與關懷的人，長大後絕不會害怕跌落深谷。他們也許會像自由落體般落下，但心中的每個細胞（如果有細胞的話）會堅信「我總是可以活下去的」。這樣的信念也許不是時時都存在於意識當中，有時你可能會懷疑，但你內心某處會繼續相信：「我先這麼想好了，反正總會有辦法的。」雛鷹學飛是很貼切的類比，因為我們真正信賴的是自然。我們信賴自然賦予的本能，相信自然之母必定會幫助我們脫離鳥巢。她知道每一隻鳥何時該被推出去，也會安排好接住我們的鳥背。

如果你的網在小時候沒織好，現在依舊可以織，靠的就是哀悼幼時的失落，讓治療與「康復十二步驟」（Twelve Step Program）[3]徹底處理這些失落，以及在一段健康的關係中無條件地被愛。這本書將會教你如何與恐懼共處，並牢牢地織成這張網。網織得好，其實就是把自己和孤兒原型結為一體，接受我獨自一人的事實，當訪客偶爾來到門口，給我一個擁抱時，我也會察覺到。

3. 編注：這是由戒酒無名會（Alcoholics Anonymous）所提出的十二個康復步驟，現今已被廣泛運用於各種戒斷團體。

這張網，是健康的人在網子要用之前就織好的，這是你要對自己做的功課。不健康的人就只能在發現要用網子時才來織它，那是屬於復原的工作。這張網使得空無從死氣沉沉變成豐饒。這樣的豐饒，猶如沙漠孕育出芳香的花朵，有時候甚至沒有人發現。這也是英國詩人湯瑪斯．葛雷（Thomas Gray）筆下所描述的：「有多少花朵生就令未見者羞紅臉，卻浪擲其香甜於沙漠的空氣中。」這份富饒不見得能為人所察覺，卻一直存在。「我發現我沒有跌得很深。」如果你聽到某個數度歷經空無的人這麼說，你就會知道他的心中有一張網，那張網不會干涉跌落的過程，只會讓跌落的人安全落地。

以自殺來回應危機，表示你沒有網。當你處於危機當中，而變得厭食或酒精上癮時，表示你沒有網。邊緣型人格者也沒有網。如果你明知自己還沒有這張網，就先別跳入深淵或深藏心中令你害怕的空間裡，這會是比較明智的做法。舉例來說，如果你懷疑自己生命早期曾有可怕的受虐經驗，你也知道現階段的自己無法好好處理，就暫時不要去深究那些，先把力氣放在織網上面。

也有一些人工合成網，是靠著膜拜、上癮物質、保險箱、嚴格的信仰體系所織成的。這些材質做成的網，對於釋放我們自身擁有的力量並沒有幫助，那只是替代品，不是真的有用。就像榮格說的：「宗教是為了對抗宗教經驗所採取的防禦工事。」當這張網對成人的生存環境提供偽裝的庇護時，宗教就淪為這樣的替代品。但是，一個人邁向成熟的條件，就是既不加以防衛，也要具備資源。

空無以「真我」其無條件的存在完整顯現。**在你內心深處，是這張網允許你留在空無之中**。你的心中會有一股新生之力，如同涂爾幹（Durkheim）所說的：「一股力量乍現，帶你超脫理性的期待或希望。」這跟思考不同，比較貼近自然。

空無是空間成長的地方。我們過去稱它為空虛，現在我們逐漸看清，它應該是空靈，跟子宮是同一類的空間。空無就是子宮，大地之母的子宮。它不是反芻動物的第四胃，因為第四個胃不會製造新的東西。它是孕育新生命的子宮，悄悄地、靜靜地、小心翼翼地。聖方濟在岩洞裡這麼祈禱：「讓我躲藏在這溼潤的子宮裡，用柔軟溫柔的泥土揩拭著我。噢，大地的子宮，把我藏起來，免於見到那雙眼，那雙令我恐懼到癱瘓的雙眼。」

芬蘭敘事詩〈卡勒瓦拉〉（Kalevala）中最了不起的英雄維那莫依寧（Vainamoinen）在母親子宮內待了卅年才出生。在這段空無當中，他成為魔術師兼音樂家，也學到如何住在空無之中！我們的靈魂渴望的只是誕生而已，這就是了！有沒有可能，遺棄是靈性上的必要，正如同背叛是心理上的必要？沒經歷過這些，我們也許永遠沒機會好好檢視我們的內在。沒有深沉的悲哀，我們也許會被外在的耍弄和引誘所說服。耶穌在十字架上面對的遺棄就是這樣；當過去支撐我們的一切全部消失的時候，我們面對的景況也是如此。過去你總是求神給你慰藉，但在歷經了背棄時，你會脫離不成熟的宗教依賴。神的慰藉全都不見了，留下來的是不可能一直撫慰你的神。這種空無才是真實的宗教經驗：神所帶來的靜默的力量。

伊利亞德（Mircea Eliade）說：「英雄對於雷同性格、氣質、希望和恐懼的所有情感依附，皆一概放棄。他也因為體現真理而不再堅持必須自我毀滅才能重生，他漸臻成熟，趨向偉大的合一。他個人的雄心壯志完全消失，不再刻意想活成什麼模樣，而是輕鬆自在地讓一切碰上他的都穿越他；也就是說，他變成了無名氏。**生命的法則活在他身上，他毫無保留地認可……**空無讓我們看到自己的個性形成之後的缺陷、脆弱與貧瘠。但你看，這就是靈性重生的門檻。瑜珈的完美典型就是活在超越時間的永恆當下，不再抱持著個人意識或個人史。個人史指的是依個體的過去所發展出的意識。相反地，你會擁有具備純粹的明澈與自發性的覺知意識。在人類條件死去、存在的超驗樣態再生時，你就能擁有覺知意識。要預先為死亡做準備，才能確保神聖化生命的再生。此時生命包含神聖性，它便完全了。」

佛教早就預知到現代心理學不願承認的結論：罪惡與焦慮並非偶然，而是自我的本質。根據我對佛教教義的理解，我們對人生的不滿應該是來自於比恐懼死亡更接近我們的壓抑：懷疑「我」的不真實感。自我意識（sense-of-self）不等於本我的存在（self-existing），而是一種心智建構，若發現建構的過程沒有基礎，會把缺乏基礎視為一種不足。這份不足感跟心理治療學對於本體罪惡感與基本焦慮的發現是一致的。我們一般對不足感的因應，是用不同的方法使其具體化，並試著透過不會成功的計畫來消除不足感，因為這些計畫原本就無法解決基本的問題。

所以，問題最大的雙重性，不在於生命恐懼死亡，而是纖弱的自我意識擔心自己沒有基礎。有關基礎缺乏，我在願意接受並屈服之後，會發現我一直是有基礎的，但並非自給自足的存在，而是以關係網絡的形式呈現，網絡內包含了一切。靠著轉換欲望，問題便得到解決。我們只要一日受到不足感的驅使，每一種欲望都會演變成牢固的依附，徒勞無功地填補無底洞。不足感消失後，便是無欲無念的天朗氣清，所有的執著皆不存在，你將得到不受拘束的自由。

——大衛・羅伊，《超個人心理學期刊》(*Journal of Transpersonal Psychology*)，一九九二年出刊，第廿四卷第二期第一七六頁

第4章 當愛遇見恐懼

愛向我召喚，我的靈魂卻因骯髒和罪惡而退縮。

——英國詩人喬治・赫伯特（George Herbert）

現代社會壓抑的不是性，而是愛。我們當中有多數人在過去或最近經歷過和**愛與被愛**相關的危險和背棄。我們也許已經在四周築起了高牆來保護自己，但高牆同時也讓我們不再被愛。「害怕被愛」這件事，可能被合理化成「害怕被拒」或「害怕被佔有」。

其實，潛伏在恐懼親密背後的，是我們內心很深刻、沒有被治癒的傷口。接受某人對我們的愛，表示我們會得到特別的關注，光是這點就可能令人害怕。由於過去被愛的經驗中缺乏安全感，我們可能沒學到如何接受這種充滿情感的關注。我們每個人都有能力去探索心中那些令人痛苦、卻能挽救的失土。我們可以學到如何讓愛穿越或進入自己的方法，以及如何讓我們心儀之人不對我們的愛感到畏懼。有一些特定而溫柔的技巧能幫助你，讓你擔心受怕的自我不再抵抗和躲藏。

大部分的人終其一生都對愛感到害怕，也從未理解愛的全貌。當我們不願做出承諾、不願表明想被愛、拒絕聽到別人示愛，也拒絕接受愛的時候，就表示我們恐懼「愛」。那麼當愛現身時，我們會有哪些合理化的說詞？「我可能會被另一個人吞沒，我會失去自由，我得非常小心地保護我的界線。別人的愛可能讓我淹沒，最後窒息，讓我再也無法保有自己。別人可能會對我有過多的要求，也許我會付出太多。我也許會失望。我也許會感到沮喪。我也許會被拒絕。我也許會遭到背叛。我也許不夠好。」換句話說，我可能跟所有人一樣，**不得不面對**生存的環境！

每個人都需要愛，也在尋找愛。一旦我們能安心做自己，就能相信愛。「我以真面目示人，而人們依然愛我。」這種不帶一絲條件、值得信賴的情境，能為我們帶來安全感。早期生命中許多的背叛和失望，會隨著我們對愛的渴望而不斷增長，最後，當唯一可能愛我們的人不願接受我們的真面目時，我們就變得很難相信他們。在那之後，我們可能會無法接受自己，但是，如果我們想要進行處理恐懼的功課，卻必須先認清自己會感到害怕，這是多麼難為的功課啊！

過去，在客廳或廚房餐桌上表現自己也許不太安全。你可能被打過、被笑過、甚至被嚇阻過。唯一安全的地方只有當你在房間獨處、在外面或是身處遠地的時候。以致到了今天，你的心理恐怕已經形成「親密等於危險，距離等於安全」的想法了。

孩提時代遭到侵犯或虐待的經驗，現在已不存在於你意識層面的記憶裡，但身體也許還記得。身體依舊記得之前事件帶來的痛楚與影響，這會干擾、阻礙我們想要愛的自然本能。如今，當某人碰觸你、擁抱你，甚至對你展現愛意時，這些動作會讓原始的虐待場景再次出現，你的身體會說：「千萬別相信，趕緊抽身，退回來，快走！」一個人愈喜歡拒絕別人，就表示他過去被侵犯、被虐待的經驗愈嚴重。真正的問題不是「你為什麼拒人於千里之外？」而應該是「過去你一定發生了什麼事，讓你覺得愛這麼可怕」，如同愛麗絲．米勒所言：「囚犯愈堅強，牢房的牆壁就愈薄……」

我們從生命早期開始砌這道牆，而且一年一年慢慢地愈砌愈高。這道牆會阻隔外人，也把我們關在裡面。縮在牆角的你會這麼質疑自己：「我沒辦法護衛我的地盤，我沒辦法在一段關係中照顧自己。」、「『你不能糟蹋我』這句話，我說不出來。」如果我被你所愛，我害怕會失去部分的自己。

一個人、二個人，那些真正愛你的人，
在牆外來來回回地走著。
有些人手牽著手，
有些成群結隊。
藝人們帶著淌血的心，表明立場。
當他們全心全意支持你時，
有些人步履不穩跌倒了。
要用你的心敲打狂徒的牆，畢竟不容易。

——搖滾樂團平克．佛洛伊德（Pink Floyd）

我們築起這道牆，讓別人不會靠得太近或愛得太過。我們看著他們在一旁踱步，試著想進來，還注意到他們因為不得其門而入，而露出傷心失望的表情。不過我們的理性一直幫我們找理由：「那是他們的事，跟我無關。」我們建造的那道牆被賦予的任務就是保護我們，但實際上並非如此，恐懼才是牆所保護的對象。牆的存在，保證我們將一直害怕下去，因為我們在裡面蜷縮，雖然安全，卻永遠沒有機會面對並超脫心中的恐懼。這道牆的功能，恐怕是保護存在於我們內心、讓我們成為其俘虜的恐懼感。牆保護著心懷恐懼的我們，那個過去被虐待、被侵犯或被懷疑的我們。我們對愛感到恐懼，很像是乞丐害怕錢。我們保留對愛的恐懼，同一時間卻依然不停地尋找愛。

我們造的牆把愛拒於門外，
也把恐懼留住。

愛與恐懼

恐懼是個訊息，讓我們知道有哪些尚未與我們合為一體的事物。打個比方，當你學會在湖裡游泳時，你就跟湖合為一體！若你站在湖邊，害怕一進湖裡就會被淹死，就是沒有與湖合為一體。有勇無謀的人會直接跳下橋強迫自己游泳，這招也不行。但如果你去上課，慢慢把泳技學好之後，就有足夠的能力與水的挑戰合為一體，你也不再怕水。我們因為害怕某件事，所以也不容許它進入我們的經驗範圍。就這點來看，恐懼是一種疏離的形式。

人類所有的經驗都可以用同樣的概念來加以整合。以錢為例，看你怎麼使用，它可以是一種手段，所以你去賺錢、花錢、存錢、給錢、收錢……等等，都無須害怕。以性為例，你不必壓抑它，只要帶著負責任的態度，便能享受性的歡愉。

生命中出現「問題」，表示有某件事未獲整合。去面對、處理、解決問題，就是在整合。結了婚以後，每當生活不如意，你就搞外遇、酗酒或離家出走，表示你還沒將「承諾」與自己整合為一。

我們的人格是由許多相反的元素組成的，所以我們的挑戰就是從混亂中進行整合，創造秩序，從多元中創造一貫性。如果恐懼存在於你的內心，那麼一定有不恐懼；如果有暴力，就會有非暴力；如果有妒忌與報復，那麼也會有憐憫與寬恕。你所具備的每一項性格都有它的反面存在，這些反面性格是可以接近的。

我們被隱藏起來的一面，稱為陰影（shadow）。陰影是榮格學派的專有名詞，指的是我們內心拒絕承認、藏起來的部分。每個人都具有值得讚賞的一面，也有醜惡的一面。如果在你意識的抉擇裡復仇心非常強烈，那麼在被隱藏的陰影性格裡，也會有等量的憐憫。你的暴力傾向愈強烈，你的非暴力傾向也可能增強。你愈恐懼，就表示有愈多的愛被你深藏起來。

坎貝爾曾說：「我們希望具備的性格，其中一項就是大無畏。」我們的「真我」就是大無畏的棲身之地。只要我們一直想滿足別人對我們的要求，只要我們一直擔心別人會怎麼想，我們就會感到恐懼。無所畏懼，只有在你下定決心**做自己**時才會出現。然而，為了不讓別人疏遠我，我可能會背棄自己！所以，與其說：「我不想讓人發現我是這樣子的人，因為他們會不喜歡我。」不如開始這麼想：「我想讓他們知道我就是這樣，因為我想做自己的決心，更勝於讓他們喜歡我。我希望每個人能真正地瞭解我，所以我不會再為了讓自己看起來很棒而裝模作樣。」如此一來，神奇的自信便形成了，那就是大膽無畏。

「真愛驅走恐懼」。我們知道愛與恐懼是相對的，所以無懼就是愛的另一個稱呼。既然恐懼代表還沒被整合的經驗，那麼愛就是足以整合一切的利器。這是對現狀的無條件應和，而不是對我們已知的做出條件反射。愛是毫不保留地說「好」，恐懼則是說「不要」。愛讓我們接近無條件的存在，這裡有我們無限的潛力。我們的靈性終點是藉由健康的人格來釋放靈性我的財富，包括無條件／完整的愛、長久的智慧和療癒的能力，所以關鍵在於潛能的全然發揮。

伴隨無畏的是一股信念：相信我們生命中發生的點滴，都是達成天命的一部分，這些都是我們必得歷經過才能真正做自己的必要元素。做自己很好，但不僅是這樣，甚至也要讓事件本身做它們該做的事。意思是說，全心全意參與我們所處的情境，而不是與情境辯駁。恐懼總是跟情境爭辯：「不行，那個我不要。別讓那件事發生。」而愛會這麼說：「如果有必要，就讓一切發生吧。」用榮格的話來說，這便是「對實相的無條件應允，不帶主觀的抗拒」。生存的既定事實（givens of existence）在我們身上發生，我們也毫無保留地接受。

現在我們可以看清楚，會愛人的人也容易受傷。容易受傷是指容許痛苦進入心裡，這不是出於選擇，而是因為這是當下真實的情境。什麼樣的痛苦呢？就是一般的、正常的痛苦，當別人背叛你、傷害你、欺騙你、離開你、對你要求太多，或者給的太少時，你會感受到的那種痛。這些全都會造成痛苦。你有愛，就表示這些是你的弱點，這也是愛人要承擔的義務。「是的，我能夠整合這些，因為它們都是人類的感受，每個成年人都必須讓它進入。」

你是因為容許自己去承受痛苦、改變和失落，而變得容易受傷；而受害者卻是因為苦主心態而受傷，他們軟弱無能地說：「我太可憐了，最好踢我一腳、傷害我、來騙我，我想受苦。」這就是《道之道》《*The Way of the Tao*》裡描述的：「用愛來自衛，我們永遠不敗。」弔詭之處在這裡：**當你因為愛而受傷時，你是不敗的**。脆弱是以整合／處理所發生的一切來保護自己，一個健全的成人，應該是「沒有防衛」加上「擁有資源」的組合。想想美國詩人埃德溫．馬卡姆（Edwin Markham）這首小詩：

他們畫一個圈圈，將我排除；
異端、叛徒，受人藐視。
但是愛與我，知道如何贏得勝利，
我們畫一個圈圈，把他們帶進來。

一開始是別人怕我，所以「他們畫一個圈圈將我排除」。接著，他們的恐懼為我貼上標籤，稱我為「異端、叛徒」。他們不願意整合，不讓我加入，所以他們「藐視」我，把我從他們的圈圈往外推開。然而，讓情況改觀的是來自我身上的愛，一種愛的應和，無條件地給予那些憎恨我、不願意整合的人。耶穌在「登山寶訓」（Sermon on the Mount）中告訴我們：「迫害你的人，求神賜福他們。仁慈對待傷害你的人。為誹謗你的人祈禱。」讓一切進入，與萬事萬物合為一體。整合所有疏離你的人。

愛與傷害

在一段關係中，恐懼愛的那一方可能會在情緒上或肢體上傷害你。你之所以願意忍，可能是因為你害怕遭到遺棄，或者是你對那個人非常著迷（成癮性的），讓你似乎走不掉。「這我不能接受，可是我還是要繼續這樣下去。」

回顧你的人生經驗，再問問自己：「是誰教我忍受這種事？」這會在你通往合一的過程中折損你的力量，他們告訴你，你沒有權利享受幸福。「是誰幫助我不再忍受這種事？」這些是你的助力、你的天使、你的嚮導，他們讓你知道追求幸福是正當的權利。

當你正面迎戰恐懼時，你可能會講出不一樣的話：「這我不能接受，我要想辦法改變它。」這句話將在你心中產生多麼不同的共鳴！你的身體也會說「好耶！」然後身體會感覺健康多了，並加入對抗恐懼的行列。如果你的身體聽到「這我不能接受，不過我還是要繼續這樣下去」，這樣一來你就垮了，毫無防衛，而且沒有資源。

無條件的愛，難道是指讓我們被虐待嗎？非也。愛沒有條件，但**我們的選擇是有條件的**，受到成年人的界限所規範。「我無條件地愛你，但我不能跟你住在一起，因為你是拒絕別人幫助的酒鬼，或者你是不願意改變的家暴者。」也許我正在做的，是不斷思考有沒有更好的委屈求全之道，而不是去想什麼創新的辦法讓自己有能力面對恐懼。「我害怕離開這段沒有愛、沒有目標、只有空虛、充滿虐待、也不會有結果的關係。」我害怕離開，是因為我可能會感到寂寞孤單。這樣的恐懼帶來的訊息，正是告訴我在處理孤獨之前，應該先把自己準備好。或者我也可以很諷刺地什麼都不理，就留在這段傷痕累累的關係裡。

我可能是因為自己必須做好準備面對未來的獨居日子而感到害怕，也可能是因為獨自生活很痛苦而感到害怕。前者的恐懼是適當的，因為我害怕的對象是陌生而困難的功課。可是，被想像中的孤寂感打敗則是不真實的感受，這是榮格所說的神經質恐懼。這個想法顯示了我認為自己沒有幸福的權利，既然如此，為什麼要白費力氣去尋找幸福？

當我們說愛使一切合一，並不是指容許虐待傷害。讓一切進入和被一切吞沒，其中的分別究竟是什麼？一個健全的人，會歡迎尊重其界限的一切進入她的領土，這跟「我容許大家對我為所欲為」是不相同的。允許人們把你當門前的腳踏墊般利用，跟整合愛的力量並不一致。受害者和健康成人的脆弱性不一樣，後者允許正常、偶爾的痛苦，卻不會永久忍受下去。達賴喇嘛說：「如果維持分離只會助長不公義的侵略，那麼就該採取堅定的立場……但不出於惡意。」

因為害怕與人親密相處可能帶來的痛苦，你採取的回應可能是轉為冷漠。亦即，我在痛苦襲來之前先躲開。男人對於即將出現的痛苦，會立即訴諸理性與邏輯。女人有時會開始哭泣，或扮演起受害者的角色。可是不管你基於什麼背景和訓練選擇了那個角色，都只是為了讓你不必感受當下情境的全面衝擊。但如果你不讓自己感受那個衝擊，又怎麼能應付它？**在我們能處理它之前，必須先感受它**。

如果一段關係經營得很好，你可能會做出什麼事把它破壞掉。「我很不習慣，因為我小時候就是在充滿壓力和悲傷的日子裡度過的，所以我認為生活就是要這樣子。」你心中那個要你製造騷動的東西，可能就是在你面對當下這份不間斷、始終如一的安詳之愛時，所抱有的恐懼感。我們幾乎沒有人想要「躺在青青草地上、潺潺流水旁，讓我們的靈魂恢復活力」。

在英雄的冒險故事中，主角離開熟悉舒適的家，跨越門檻，來到荊棘遍布之地，此時，天將降大任於斯人也。看看《綠野仙蹤》裡的桃樂絲在奧茲王國接下什麼任務：拿到巫婆的掃把。這件事比她在家裡做的偉大多了，她在家只要把一隻狗照顧好就行了。當她穿越那道門檻來到另一個世界，她碰上了負面（positive）與正面（negative）的陰影。負面的陰影以邪惡的巫婆為象徵，壞巫婆貪婪又妒恨。正面的陰影以充滿愛與勇氣的好巫婆為象徵。如果桃樂絲一開始就被壞巫婆嚇得從夢中驚醒，她就會回到原點，而不可能接觸到新奇的意念或更巨大的力量。

這是否解釋了我們有時會從惡夢中醒來的原因？**我們從做惡夢的掙扎中驚醒，是因為我們還無法整合內心黑暗的奧茲王國中所發生的事嗎？**在這個情境中，是恐懼感在保護我們。然而，當我們跟桃樂絲一樣，在跨出冒險的門檻之際找到自己、見到恐怖的巫婆，如果我們在那時能說出：「我看到你，而且願意跟你一決生死。」那麼我們就有足夠的勇氣前進充滿嶄新挑戰的世界。在我們還沒準備好迎接挑戰之前，是受到恐懼的保護；讓我們有能力處理挑戰的，則是勇敢無懼的心態。

恐懼是門檻的守門人，它不會讓你跨入超出能力範圍的險境。適當的恐懼如同守門員扮演的角色。如果恐懼感大到使你無法面對，你就得退回來，先從累積實力開始做起。此時你向禪師請教：「這種情況下，我該怎麼做？」我們的恐懼會指引我們有哪些功課該做。

如果恐懼減少代表愛的增加，那麼愛從哪裡來？所有的恐懼都是習得的。有些恐懼是天生的，比如害怕噪音和害怕摔倒；但我們絕非一出生就害怕承諾。這種恐懼是受到制約而形成。如果恐懼來自制約，那麼愛是怎麼來的？愛必然來自無制約。我們深藏的無制約是我們的真我，來自內心的「神的原型」。這即是基本的活力、生命力，讓我們有力量面對迎頭而來的事件。當恐懼壓制了活力，就等於一個未經整合的刺激被束縛住。活力是一座大教堂，恐懼就是佔據教堂的怪獸。愛從活力中迸發，但恐懼會壓抑活力。馬斯洛說：「抗拒我們內心神聖之聲的，並非邪魔之聲，而是恐懼之聲。」

勇氣即心。
勇氣是讓愛進入之力，
恐懼是讓愛出走之力。

當愛走近時

不受制約的愛，是免疫系統的最佳建築師。身體出於自然本能想得到愛，也想感受伴隨愛而來的歡愉與和諧。一個人如果不讓愛進入，就是反其道而行，阻撓自己追求健康幸福的本能。

愛，也會透過心願和意向對你展開訴求，強調你有一個無條件愛人的願望，以及你也值得被人無條件地愛。換句話說，這正是你一直想要的東西，只是它也含有一股難纏的勢力。要能安全地接受它，你必須具備足夠的能力。如果我們生命早期的被愛經驗是安全可靠的，那麼愛就會安全地發生。這就是本書前段提及的鏡映，現在我們可以更完整地為鏡映下定義：藉由**關注**（Attention）、**接納**（Acceptance）、**欣賞**（Appreciation）、**情感**（Affection）、**容許**（Allowing），無條件而積極地尊重你的感覺與自由。

父母親的鏡映讓你有能力接受另一名成人的愛意。如果過去沒有鏡映，你可能會對愛產生恐懼，只能等到成人階段才能學習如何接受。愛之所以令我們害怕，是因為在允許愛進入生命之前，我們必須讓自己變得脆弱易傷。然而這份脆弱性早就跟被遺棄的恐怖情景產生連結——一旦遭到遺棄，就可能迎來無法改變的孤獨。這也許就是我們獨特生命故事裡的核心恐懼，而我們在一段關係中所有的禁忌、防衛、逃避錯誤，都可能讓我們想起童年時怕被遺棄的心態。

因為恐懼從來沒有被鏡映過，所以之後會對我們造成傷害與阻礙。過去從來沒有人允許我們自由地感受恐懼，相反地，恐懼總是跟羞愧、不得體連在一起。我們的功課就是鏡映自己的恐懼，用關注、接納與情感好好地招呼它，允許它走完全部的過程。只有這麼做，恐懼才能自在地吐完它最後的一口氣（依循下面這個線索可以發掘恐懼的核心：它跟我們第一次真正被愛的感覺正好相反。所以，如果有人陪我的時候我感覺被愛，那麼恐懼通常就是對立的感覺，亦即某人遠走、棄我而去）。

逃避愛，等於讓自己逃離真實的感受。我們可以選擇另一種做法，就是容許別人用笨拙卻動人的獨特方式來愛我們。這樣的不加防衛，會讓我們轉而變得資源豐富，也會開始要求自己想要的愛。我們能夠內外一致地面對愛的挑戰，也知道我們不會因為愛的進入而被切割，自身的完整性反而會變得更豐富。當我們願意大膽接受別人的愛，明白地告訴他們怎麼做對我們最好，那一刻，我們便開始滋養自己。這也是建立自信心最好的方式。

愛會使我們害怕，還有其它的原因。愛不會跟你要什麼，所以你找不到藉口推拖，沒辦法說「如果讓這件事發生，我怕我會失去什麼」。由於愛不斷地付出，你勢必成為拒絕的一方。「我會一直愛著你，只有當你喊停，我才會停止。」當愛向你走來的時候，它會滋潤你的心，消除你因為剝奪感而產生的怨懟。現在我再也不能假裝「我很可憐」，愛使我充實，給我鼓舞。我再也沒有藉口，因為愛把所有的藉口都帶走了。我必須開始採用富足的模式，而非匱乏的模式來回應。

愛在本質上蘊含真實的感受，所以會激發你起而追隨，在愛的面前不加以偽裝，用真情來回應它。愛有它的力量，也帶給你力量，所以你不能再玩受害者的把戲。愛非常認真地與你對話，這樣的專注是你一直以來都很想要的。愛會向你表明，做你自己就夠好了，根本不需要畏縮地躲藏起來。它只賦予一項義務給你，那就是「真」。**難道這就是愛令人害怕的原因嗎？**

戀愛會使我們對愛和親密關係的恐懼感自動暫緩，恐懼會在下一個階段才出現。下一個階段就是衝突。只有當你跟你的伴侶關係開始緊張，你不再視他為心中的理想伴侶時，恐懼感才會升起。當你失去心中的理想伴侶時，你會哀傷，這可能是恐懼形成的根本。在熱戀期過後，她不再把你視為偶像般崇拜，而是突如其來地、懷抱著絕對坦誠的心願與意向面對著你。真實已經取代了理想。只有到了這一步，暫時讓你恐懼愛的機制才會停止作用。換一個說法，就是「當你愈接近對真實的人做出承諾，你對愛就愈恐懼」。

我對愛是否還有恐懼，這該如何分辨？能否從一段關係中發現什麼訊息？怎麼知道我是不是躲在牆的後面？害怕愛的人會想要取得掌控權，想要控制一切的表現，就是在說：想到我必須哀傷，我就感到害怕。如果你沒給我我想要的東西，我的心情就會不好，然後就必須哀悼我的失落，這才是我所害怕的。**我並不是真的想要主導，堅持一切要按照我的意思。我這麼做，只是想避免因為事情不如意而心情不好的感覺罷了**。

想發現是否對愛懷有恐懼，還有另一個線索可以告訴你，就是關係中未獲解決、不斷出現的憤怒感，這是一股被壓抑的怨恨。小時候你也許得跟母親或父親抗爭，才能照顧到自己的需要、保護你自己的界線。現在的你，如果依然相信只有抗爭才能爭取到安全感，那麼你就很難去感受成人之間的親密感。你除了在初級關係裡這麼做之外，在其它層次的關係中也會這樣嗎？我們以前必須做的那些反應，直到如今身體的每個細胞都還相信我們也該這麼做。在進入一段關係時，我們依然像孩提時代一樣保持警戒，對抗假想敵。

拒絕和他人對抗的人，也許是害怕自己心中的感覺，也可能是害怕自己對他人的回應是「拒絕」。「我拒絕吵架，因為這很幼稚。反正我說的你也不聽，所以我講什麼都沒用。我該說的都說了，你還是不相信，那就不必再討論。」會用這種方式把事件合理化的人，跟那個會噘嘴、冷戰或不想做愛的人一模一樣。會說出「我不跟你吵，你很蠢」的人，也許是那個執著於掌控的人。「我不屑跟你吵」完全等於「我不屑你」，也完全等於「我不想跟你平起平坐；我不想跟你親近；我害怕被你愛；我害怕愛情」。

爭吵得到解決之後言歸於好，兩人會比過去更親密。這樣的結果可能也讓我害怕，因為我不想讓關係進展到真正的親密、真正的尊重、真正的平等。我們都知道吵架會增強連結與親密感。哺乳類動物都會打架，地位平等的兄弟姐妹也會爭吵。哺乳類彼此相爭時，會學著協調身體的動作：學習怎麼玩而不會玩到頭破血流；學習如何讓力量增長以及該如何尊重其它友伴的能力。

希臘神話裡愛之神阿芙羅迪與戰爭之神阿瑞斯（Ares）的女兒，名字就叫做「和諧」（Harmony）。關係緊密的和諧感，是兩個深愛彼此的人交戰之後的結果。一段健康的關係裡，存在的是偶爾的爭吵，經常性的解決，以及持續增長的連結。

最後，要分辨是否恐懼愛，還有一項強大的指標，就是因為害怕被拒絕而一直退縮，既不講明，也不做承諾。人被拒絕的時候有什麼感覺？會感到失去與哀慟。害怕被拒絕，差不多就是害怕哀悼吧？拒絕是生存的條件之一，每個人都可能這麼做。我們的內在力量、基本的生命力，有一部分就是去感受失落，以及感受因失落而來的悲傷之情。當你說「我沒辦法與人交往，因為我害怕被拒絕」，意思就是「我害怕自己的感覺」。我害怕的是被拒絕時自己會有的那些感覺。「我一直認為自己不可愛，甚至不願意面對這件事，我害怕你讓我又想起它，害怕你要逼迫我長大。」

這一件事的另一面，就是知道**我們也害怕被人接受**！如果我得到接納，就必須展現親密之情；如果我被別人拒絕，就得經歷一場失落的哀悼。如果我得到你的接納，就表示被愛是可能的，我也不是不值得愛。此時我已經沒有逃避給予承諾的藉口。如果被拒絕，我將哀悼當下；如果被接納，我會哀悼過去。大部分害怕被拒絕的人，他們害怕被接納的恐懼程度其實一樣深，而且還會大聲否認這一點！

此外，如果我的父母親覺得我不可愛，但對你來說我是值得愛的人，我就可以停止腦海中「沒有人會真正愛人」的念頭，同時我也必須承認爸爸媽媽也許沒愛過我的事實。會這麼想，是因為我現在被愛，知道真正的愛是什麼。我能感覺到**這次是真的**，**這跟我從父母親身上得到的不一樣**。因為你的愛，我變成一個悲慟者和一名孤兒——雖然這的確鏡映出我自己！

愛一個心懷恐懼的人

當你要求某個害怕你的愛的人讓你親近，你其實是要他「驚嚇而死」。知道這點之後，你在向某人求愛時，要帶著一些疼惜。

記得不要使出「纏」字訣，因為當你盡力去追，你得到的最多只是對方被你抓進來而已。當動物一隻腳被你設的陷阱夾住時，牠會有什麼感覺？生氣、害怕與絕望。這就是你採取窮追猛打策略時會引發的情緒。

那你能怎麼做？你可以施展你的魅力，使出渾身解術，如果沒用的話就放棄那個策略。西方人的做法是用盡一切努力，嘗試所有想得到的方法來表明心意。中古時代的人認為小獅子剛出生時沒有聽力，要靠公獅的獅吼才能喚醒。公獅的吼聲，目的就是將沉睡的小獅叫醒。當你表達感受之時，也是製造一聲獅吼把停留在潛意識的人喚醒，讓他聽到你在說：「我愛你，你不必感到害怕。」

東方的觀點比較類似冥想的方式，你只要**站在那兒，張開雙臂，帶著欣然接納的面容**即可。你也可以坐在牆上，看著一件跟你似乎無關緊要的事在眼前發生。你就單純地看，那個人會知道你正在一個安全的距離外專心地注視著他。對你來說，這也是破除了以往的習慣，不再針對個人去操縱、改變、跳出來拯救，或試圖去幫忙解決。當你不再自以為握有操縱別人的力量時，你看起來是無害、溫柔的，會使人消除敵意。在牆另一邊的人往上看的時候，看到你坐在那裡，他就不會那麼害怕，因為這一次沒有人在後面追著他跑，試圖想掌控他、逼迫他或是改變他。那麼做，你只是讓他體驗害怕而已，即使看他那樣子你也很難過，也不管你有多麼確信你能替他解決問題。這就是鏡映的過程，具有治療和開啟人心的效果。

狄金生有一首詩這麼說：「你在那兒，我在這兒，門半掩著——無法跨越的汪洋。」二人之間的距離咫尺天涯。當你不企圖去操縱或掌控時，你們之間可能跟大海的兩岸一樣遠，也可能像一道微開的門縫那麼近。要開啟那樣的空間，在你和他之間創造出那個缺口，需要無比的勇氣。我不必衝進來把你抓住，也不用搖醒你或放開你。我只要待在這兒，知道你也在那兒就夠了。我們倆人都享有自由與空間。很奇怪，就是這樣的姿態，兩人才能從尊重彼此的存在中建立親密感。

此時可以這麼表明：「我放棄控制，讓一切順其自然。」這麼做是對現實的尊重，而非把我的想法加諸於現實之上。奇怪的是，當我放棄控制權，我的能力反而會得到增長，這是因為我終於能與自然達成和諧，而不是與之對抗。現實跟我現在是盟友。我不再運用理智主導事情的發展，相反地，我只會坐在牆上，用關愛、不介入的方式觀察，相信事情用這種方式得到的解答，最終一定會為我和他帶來最大的好處。在真正的愛當中，最偉大的行動就是接納另一個人的真實面，不須把我自己強加於其上。

愛默生在《論自然》（*Essay on Nature*）中寫道：「我在林中散步，發現綠樹向我點頭致意。它們認可我的存在；實際上它們在說，是的，我們欣賞你，你也欣賞我們。」這是一種順其自然的和諧感，沒有攙雜我的主觀。現在我們能夠信賴自己與他人之間所開啟的空間。當時間成熟、每個人都準備好的時候，這個空缺就會被填滿。

跟高牆外的某人在一起時，怎麼知道何時要用獅吼、何時該坐著看呢？你的直覺會告訴你。你對於那個人的判斷，會讓你大概知道怎麼做才有用。不管你選擇做個牆上的旁觀者，或是誠懇地展開雙臂起身等待，那個人看到的你，都是無害、真實、充滿愛意的。「獅吼」是一種方法，「坐著看」是一個事件，兩種都有用。

害怕自我揭露

恐懼使我們難以領會自己的感覺。
被我們形容為沒有反應、冷漠、疏離的人，也許只是害怕。
他的恐懼把其它的情緒都掩蓋住了。
疼惜也許有助於讓他明白，
他的內心等待釋放。

害怕讓別人知道你的感覺或真正地認識你，說到底，就是害怕自我接納，以及害怕面對被人接納、被人喜愛時要冒的風險。我們在生命早期一定有遭到輕視，才會讓我們現在這麼害怕付出我們所能給予的唯一禮物，這是來自真我的禮物。究竟是什麼危險讓我們必須偽裝起來，隱瞞「我是誰」這個簡單的事實？

一個人如果總是維持一致，性格穩定不變，他也許就是在維持這份恐懼。當一個人脾氣爆發，做出「不符合個性」（out of character）的反應，指的反而是這個人把握機會，願意放開自己。**揭露就是探索**，在這個背景下，你要表達自己意見時可能會感到害怕，你沒辦法說出自己真正想說的話，必須看緊自己的嘴巴。「我的話能不能維持我的形象，確保別人看到的我是我想讓別人看見的版本？還是那些話會讓我的形象蕩然無存，把最真的我暴露出來？」其實，「赤裸之心」指的就是剝除自我，因為只有自我才會恐懼面對真實。好一個自我挫敗！我們抗拒展現的部分，也許正是讓我們變可愛的關鍵，那就是我們的脆弱性。

> 不分地位高下的真實存在（being），
> 總是反思與觀察的交錯。
>
> ——林奇（Lin Chi）

性的連結

對愛感到恐懼的另一個線索，就是把每一段真實的關係加以性愛化。如果沒有性慾，你不會主動去擁抱別人或被別人擁抱。所以有這種反應模式的人，也許是對愛感到恐懼，而不是性慾強烈。處於性慾高張的高溫中時，你其實不一定要看著對方，也不必非跟對方說話不可，除了嘴巴哼出一點聲音和飆幾句髒話。此時這種親密接觸，可能掩飾了你對親密感的恐懼。

有些人非常不喜愛摟摟抱抱。有些人將摟抱視為性愛的前戲，每個動作好像都是為了上床。他也許會說「我的男性荷爾蒙指數很高」，不過，他對親密行為的恐慌指數可能也非常高！

「實際上，性愛只是接觸，是所有接觸當中最親近的。而我們害怕的就是接觸，所以我們只有一半的意識、一半的身體活著。」英國大文豪勞倫斯（D. H. Lawrence）如此寫道。我們大部分的人習慣把恐懼和性連在一起，這是很正常的。除了把性和表現、自我、征服畫上等號以外，我們也延續了性會製造恐懼的觀念。人們最早的性經驗可能一直帶有一種懲罰、禁忌或壓抑的涵義，結果使得恐懼深埋於性生活的深處當中。一直以來，我們對於自己，甚至對於伴侶的生理性歡愉，都有本質上的錯誤和危險觀念。我們能做的只是承認這個可悲的遺贈，並去推翻它。它也許永遠不會徹底消失，絕不能阻止我們。

害怕親密感的人很早就理解到，密集的性愛會讓真正的親密感變得多餘。隨著親密感的增強，這段關係便傾向得到更多的承諾，或者我也必須為這段關係付出更多，這令我恐懼萬分。這時我也許就會出現性方面的問題，或是性趣缺缺，甚至移情別戀。當性愛開始變成兩人連結的途徑，或變成一種深化承諾的方式，當性愛從熱戀行為轉變為成熟的互動與真正的親近感，它就可能帶來威脅感。

性愛包括了脫衣服，這象徵著摘下我們的人格面具——那是為了尋求世人認可而戴在臉上的面具。親密的性愛關係正是為了探索肌膚之親而將衣服脫下。**我能夠忍受對我如此徹底的檢視嗎？**

在熱戀時期的密集性愛，會因為受到深刻的自我揭露所刺激而更形激烈。但因為自我揭露帶來的威脅愈來愈強烈，以致之後的性愛會漸趨平淡，甚至開始無趣，最後變得死氣沉沉。自我揭露的恐懼也許就躲在「喪失性趣」的藉口當中。親密感需要我們投入的，比我們願意給的還多。一段關係的建立從性愛開始也許令人覺得興味盎然，但隨著關係進展，它的要求變多，多到令人害怕。我們起初被引誘進來，然後會因為代價持續升高，而想要就此打住。

性愛畢竟只是某些困難的生存條件的起點：我可能會被拒絕；我大概不像自己希望的那麼惹人憐愛；我也許必須主動去愛、去付出，或者展現真實的一面；我可能會被看清或是看穿；即使我小心翼翼地用迷人的表象來遮掩，我的陰影還是可能透出來。這種種一切都讓我感到害怕。我擔心會出現各種難堪的情緒貧乏、脆弱和卑微，這些都是我極欲隱藏的部分，這樣你才會愛我！於是，一齣人間喜劇正在上演：被我藏起來的，才是我最需要展露的；只有這樣我才能回歸真實，也真正地被愛！

只有在關係絕對真誠、靈性十分成熟的情境下，你所有的性潛能才會發揮出來。美好的性愛，關鍵不在於技巧或魅力，更沒有致命的吸引力，而在於「透明」。完整的性功能是指完整的人類情感，不是完整的性器官情感。新的技巧、新買的內衣或新的情趣用品，都無法抑制自我揭露與自我付出所隱含的恐懼，尤其是即使這麼做，也沒人能保證一定會被接納！

如果我肯定自己，也具備堅定、與眾不同的自我概念（但我的自我概念願意跟你的結合），那麼我就能面對性關係的挑戰。這些挑戰便是生存的條件，與人相處的既定原則：我可以付出自己，卻不要求得到；我能展現自己，卻不一定要被認可；我也許不會時時感到快樂。換句話說，愛不會阻止我邁向成熟。

如果我缺乏對自己的感覺，我可能會假扮成一個不一樣的我，希望藉由長期的精心設計與喬裝來吸引某個人。有些夫妻在掀開面紗之前甚至還會暗自擔心。他們悉心照料對方的自我，以便讓面紗不要落下，也不流露出自己的空洞。**你和我口中的承諾，難道就是這未能言明的協議？我們是否利用了性愛來保護對於親密感的恐懼？**

性愛無法創造親密感。只有放下對於付出或接受的恐懼、發現與被發現的恐懼、讓事情順其自然的恐懼，我們才能把親密感帶入性愛關係中。親密感能存在，是靠著放下控制欲，以及接納彼此相處時的各種高低潮。性愛本來就含有焦慮的元素，因為它讓我們必須面對自我揭露的風險。接受焦慮，比試圖讓自己放鬆或是解除焦慮來得更有意義。這就是順著馬走的方向騎馬。

如果順著這個過程前進，我所處的這段關係就不會是淹沒陰影原型的大汽鍋，而是使真我浮現的爐缸。換句話說，當我把自己的原本面目和恐懼攤開在我所愛之人的面前時，我就是真的我。真相使我們成人的一面變得強大，展露得更加清晰。大膽而堅決的自我揭露和自我付出，會比任何性愛技巧、芳香精油或浪漫幻想更快速地提高性慾及渴望。

真正的性吸引力，會由於與伴侶親密地分享害怕的感覺而變得更強烈。當我們歷經長久獨處之後而認清自己，也滿足於這份發現時，我們就能進行這樣的分享，嘗到真正美妙的性愛。親密關係的先決條件是個人的分化。我們不是合而為一，而是在一起的兩個人。成人親密感的連結不會因為個別化而瓦解。我們可以利用這種連結來儲存憤怒、擊退恐懼，支撐這份愛。健全的伴侶們會手牽手站在一起，但還是靠自己站著。

如果我們能夠勇於面對獨處與被拋棄的恐懼、泰然將其視為生命中的要素，就能到達這樣的境界。不管是桃樂絲向奧茲魔法師要求的心願、小木偶皮諾丘前往冰淇淋國度的夢想、或者是灰姑娘希望解救王子……這些心願都要放棄，意思就是放棄「人人都該無條件地愛我、無時無刻替我服務、滿足我的願望」的念頭（那都只是我們的內在小孩向瓶中的大人精靈要求的三個心願）。

沒有任何一段關係可以解救我們，使我們免於被拋棄的恐懼。我們在乎的人都可能離開我們。成熟的人也都會明白，關係不會給我們任何特赦的待遇。健全的成人不會去尋找一段讓他／她永遠不會被拋棄的關係，因為他／她自有一套處理這種情況的方案，那就是哀悼，再哀悼。愈親密的連結，失去時感覺就會愈刺痛。沒有一段關係讓我們永遠不哀傷，也沒有什麼關係能幫痛苦建造避風港。這些情況，你只要願意張開眼睛，都有可能見到。很諷刺地，當融合的幻覺消失，我們反而會發現自己跳舞的舞台變大了，這個舞台就是宇宙。我們和自然、和所有人合而為一的感覺將會變得很清楚。這也許是我們頭一回感受到的經驗。

最後一點，恐懼愛的背後，是渴望愛。性需求的背後，則是追求愛。因為這層關係，才使我們**把關懷的需求性愛化**。因為嚮往充滿愛的親密感，我們開始追求性愛。一旦我們發現方向錯誤，就能回頭找出愛的道路。性，是當你在發現真愛之後，出於愛的歡愉行為。

故鄉原型是心理治療者的目標，從本質上來說，是每個人對其主觀主權的實現……當一個人真正醒來，便是處在有力量掌握自己生命的地方。

——美國心理學家布根塔爾（J. Bugental）

害怕付出與接受

「親密」意指在因愛結合的關係中付出和接受。不管是付出的或者收到的，都是愛、真實、感受與緊密的展露，兼具心理與生理的特性。「害怕付出和接受」指的雖然是親密關係，也可以代表跟錢有關的煩惱：花錢、存錢、借錢、還錢、給錢、收錢、贏錢……等。任何人只要開始關心以上這些問題，就一定會遇上親密感的問題，因為親密關係是指給予和接受的自由，而金錢代表的只有交換。

害怕被拋棄與被吞沒

在親密關係中，有兩種性質類似的恐懼感經常出現。「害怕付出」跟「害怕給承諾與展現愛」是一樣的。害怕接受，跟前面討論過的害怕被愛一樣，只不過它令人恐懼的程度更強烈。害怕付出和接受，也許是因為害怕被吞沒。害怕人事的來與去，則可能是出於我們對於被拋棄的恐懼。被吞沒的恐懼是害怕某人變得和我們過於接近，而被拋棄的恐懼則是深恐某人的離開會讓我們承受不了（我們現在可以將「承受不了」詮釋為我們沒有防衛、也缺乏資源）。一個健全的人與他人交往時，不會因為伴侶離開而被恐懼感擊垮，也不會因為伴侶靠太近而害怕自己被完全佔據。

害怕被拋棄與被吞沒，是親密關係中最強力的恐懼感，因為這代表我們對於「自己是否值得被愛」懷抱著最深刻的質疑。我們認為自己得不到他人忠誠而長久的愛，認為他們一旦看清我們或厭倦我們之後，就會離我們而去。這就是被拋棄的恐懼感。被吞沒的恐懼感則跟自我貶低有關：我的內在太過匱乏，所以如果我容許別人在精神層次上真正接觸到我，我將會喪失部分的自己。如同湯普生在其詩作〈天犬〉中所說：「惟恐有了祂，就必須捨棄所有的其他愛戀！」

在一段關係裡，被拋棄與被吞沒的恐懼感是顯而易見的，通常是一方害怕被拋棄，另一方害怕被吞沒。因為害怕他離開，所以她緊迫盯人；因為害怕她靠得太近，所以他決定逃走。兩個人就像在跳一場沒完沒了的舞，一個追一個跑。其中一個感到不足而絕望，另一個則是冷漠而不勝其擾。此時，一個神經質的組合就此產生，這樣的相處模式可能持續經年。諷刺的是，最後經常是害怕被拋棄的一方要分手！她實在太害怕獨處，所以先找好備用愛人，當這名新伴侶可能帶來一切她想要的，她就會轉移陣地。

被遺棄是孩提時代最主要的恐懼。父母親是決定我們生存的關鍵，所以我們會把喪失父母視為毀滅。失去父母可能是指實體上的失去，也可能是情感連結的失去。但如果父母管我們太緊，我們追求自由的本性也會同時把他們推開。感到窒息、受人掌控卻無法自衛，可能會演變成被吞沒的恐懼。

小時候害怕被拋棄與被吞沒的感覺，可能會延續到我們的成人關係。在我們一生中，對於分離的焦慮會讓我們緊抓著伴侶不放，或使出懷柔策略來把人留下。這樣的行為看起來很像愛，其實是因為你害怕被拋棄。我們也許會認為，在這段關係中我們需要更多的距離，因而不願意對某人有過多的承諾，以免失去自由。這看起來像是有冒險精神、獨立自主，其實是因為害怕自己被吞沒。想到我們可能會因為這些痛苦而變成這樣，會讓我們對自己和其它有相同感受的人產生惻隱之心。

害怕被拋棄與被吞沒的兩種恐懼，都是一種幻覺，就像不實際的痛苦一樣。被拋棄與被吞沒是在過去我們沒有能力的兒童時期才會發生的，不會在成年期再發生。一名成人不可能被拋棄、被吞沒，頂多只會受到逼迫。

早期的恐懼是被細胞感受到、也的確是真實存在的，所以採取防衛是必要的。可是這股防衛感卻被細胞通則化，並且擴展到成人時期，沒有終止的一天。這一點，只有從意識層面下功夫才能去除。諷刺的是，只要我們不斷地啟動防衛，就等於是在維繫恐懼的原始力量。

每個人不時都會有被拋棄和被吞沒的感覺。這些都是存在於人際關係中的情況。成人有合理的辦法來處理這些情況，「當你離去時，我會悲傷，也會讓你走。」、「當你靠得太近時，我會請你多給我一點空間！」

◆處於被拋棄的恐懼

害怕被拋棄是合理的，因為這代表著失去鏡映的機會，那是我們形成認同的必備條件。我們也會害怕某人離開所帶來的悲傷感。害怕被拋棄的感覺，很可能就是害怕悲傷的感覺。

我們有時也會拋棄自己。比方說，拋棄我們的身體、拋棄自我認同，或拋棄自己的界線，為的是留住某人。當我們終生緊緊依附某人不放，也許就是把自己的一部分正式放棄了。免於這種恐懼的自由，就是要收復被剝奪的心靈版圖。

被拋棄之所以令人感到恐懼，也是因為我們在被拋棄的當下感到無能為力。恐懼感加上無力感，就是我們小時候第一次的被拋棄經驗，所以才會在我們身上留下抹滅不掉的印記。

別人的退縮令我們惶恐，所以我們更積極地想去追回，這樣的行為造成對方的恐慌，更想把我們推開。我們為了照顧自己所用的方法，卻成了我們被拋棄的原因！那是一種自我挫敗，只是它被偽裝成自我保護。

對於死亡的恐懼也跟害怕被拋棄有關，那是終極的孤立，失去支撐我們的連結。死亡之所以可怕，是因為它暗喻了靈魂對我們身體的拋棄。

「恐懼親密」跟「恐懼被拋棄」，在程度上是呈等比存在的。這是很難想像、卻非常殘酷的真相。我們愈害怕被拋棄，就愈害怕親密感的增強。**我的柔軟是否一直受到這些恐懼感的壓抑呢？**

◆處於被吞沒的恐懼

當我們陷入被吞沒的恐懼，就可能不願意讓關注或親密感進入自己。我們小時候得到的關注，是來自對小孩子保護過頭的家長出於監督與侵犯的注意力，讓我們覺得被限制或貶抑。這造成後來我們即使是坦誠的情緒溝通，也似乎會帶著攻擊或侵犯的性質。伴侶只是想跟我們分享他或她的感覺，或是出於關心的詢問，都很可能會引發我們被吞沒的恐懼感。不知怎麼地，這些單純的親密行為，會使過去的恐怖場景再現，我們也就自發地再次啟動了防衛機制。

我們也許會認為，保護自我界線的唯一辦法就是保持距離。有了這種想法，會覺得有必要把人推到安全距離以外。親密與承諾會對脆弱的自我認同造成威脅，甚至傷害。

被人黏得太緊或愛得太狂熱時所產生的恐懼，是一股想逃的衝動。這種感覺很細微，它也會用很多種形式來呈現，包括冷漠以對、拒絕承諾、想保留更大的空間和更多私密，或是疏離、不寬容、難伺候、對於在公開場合的親密行為感到不自在……等。我們甚至會一下子熱情如火，一下子又退縮不前，使伴侶感到困惑。

這種恐懼的出現也可能是認為別人有義務照顧我，但自己不想負擔相等的義務。被吞沒的恐懼通常也包含自我膨脹，這是為了對抗脆弱感和親密所施展的防衛策略。

害怕被吞沒的人比較不會離開，因為他們很會偽裝，不容易被抓到！只有在他們被甩的時候，才會發現自己是害怕被遺棄的。他們此時才會意識到，失去愛侶的哀傷有多深，然後再發現自己內在有多麼需要別人、多麼孤單。如果他們能對自己承認這些感覺，也對未來的伴侶承認，就有機會脫離被吞沒的恐懼，也能跟尊重他們脆弱性的人享有真正的親密關係。

最後一點，處於被遺棄的恐懼時，我們會表現出恐懼，但壓抑憤怒。處於被吞沒的恐懼時，我們表現出來的是憤怒，卻壓抑恐懼！

功課　與恐懼共處

每個人都有被遺棄和被吞沒的恐懼。我們的功課不是停止這些恐懼，而是容許它們發生，不必加以阻止。我們追求氣度寬宏的勇氣，讓對方離去，而自己不要被遺棄的恐懼所吞噬；我們也不會因為讓對方靠近而感到驚慌失措，深恐失去自我。

試試以下的做法，應該會有幫助：

- 對自己與伴侶承認你的恐懼感。
- 容許自己感受恐懼的一切，由衷接納恐懼。
- 按照往常一般行動，不要把恐懼視為親密感或安全感的阻礙。當你害怕被吞沒時，試著比你能忍受的距離再往前進一步，維持一分鐘就好。如果你害怕被遺棄，試著比你能忍受的距離令對方再往後退一步，也是一分鐘就好。之後再重複這個動作，讓每一次的時間與距離都比上回再拉得更長一點。
- 面對失望以增加對失望的容忍度：

——我／他／她就是這個樣子。

——我／他／她一直都是這個樣子。

——我的家／他的家／她的家就是這個樣子。

- 跟你的伴侶說：我可能不會保護你，讓你免於被拋棄或被吞噬的恐懼；我也不會要求你保護我。我將這些恐懼視為人類生存條件和人際間相處的必然。我決定正式認可並徹底處理這些害怕被拋棄或被吞沒的情緒。我會繼續活下去，不閃避恐懼，閃避只會讓我持續活在恐懼當中。

害怕他人對你的感覺

跟某些人在一起時，你總會有如履薄冰的感覺。你不期待看到他們，也許會怕他們，但你永遠不會把這個感覺稱為恐懼。成年人會拒絕承認他們害怕某人。但是，如果你持續跟某個會帶來威脅感的人相處，而不試著改變這個狀況，就等於在虐待你心中那個害怕的小孩。你似乎在說：「明知道你會受傷，我還是會把你丟進鬥牛場。」每天清晨在你害怕的人身邊醒來，是對你的內在小孩最沉重的性騷擾。這是一種隱藏的心理意願，代表你自願讓脆弱的自己受到威脅。

某人令我們懼怕，這代表什麼？有三種可能性：

這個威脅你的人，他是在害怕。你感覺到的是他釋放恐懼的結果。舉例來說，他害怕的可能是親近，只是他利用這種令人生畏的態度，讓你離他遠一點。也就是說，他是故意讓你怕他。他從多年的經驗學到：如果我做出唐突或好鬥的行為，別人就不會接近我了。

第二個可能，你感受到的其實是你早年的兒時恐懼感，只是在此刻被此人引發。當你認為自己完全沒辦法保護自己的時候，這種情況發生的機率特別高。這也許是孩提階段某個讓你備感無能為力的情景再次重現。

海德格爾曾說：「可怕之事早已發生。」可怕之事發生在很久以前，現在被重新喚起，跟以前的情況一模一樣，只是現在要面對的是成人世界中的某個人。這種兒時恐懼來自我們的身體細胞，這是過去對某個事件的回應標記。當相同的兒時恐懼出現時，我們會立即跟過去一樣，感到毫無招架之力。

第三個可能性就是你碰到了對方的陰影，對方陰暗的一面。你甚至可能在對方身上看到自己的陰影。前面曾經談到，陰影代表你不願面對的潛意識自己。如果你對一個你害怕的人有仰慕之情，你可能是在他身上投射出自己的正面陰影，或是尚未發掘的潛能。你希望具有那些你本來就有的特質。如果你對某人感到畏懼，還對他懷有報復之意，就可能是負面的陰影開始起作用。你看不慣別人的地方，正是你否定自己的地方。

害怕他人對你產生的感覺，又該如何理解？一般人不太可能害怕真實的感覺，因為真正的感覺都是某種形式的關注。有人用專心致志而不帶侵犯的方式注意著你，這正滿足了你的基本需求。

我們真的很少、很少得到這樣的關注！如果有人對我們投射出誠懇、真實、不令人生畏也不極端的感覺，我們會全心全意地接納！這是真正的感覺，會馬上吸引我們的注意力，也會開啟正確的成人交流。此時我們將停下腳步，全神貫注，因為感覺就在雙方注意力的交流當中滋生。

可是，我們多數人都看不到真正的感受。相反地，我們看到的總是包覆在感受外面一層層的劇情，也就是一層層的自我：恐懼、依附、控制、批判、要求。這些都會防礙感受的展現，也會引發恐懼。當別人對你發怒時，你不是感受到他對你而發的真實憤怒（表面上看起來是如此），你卻感覺到他對你的判斷，如：「都是你的錯」或「我期待你會改變」。一個生氣的人表現出誇張的狂怒，其實那只是評判、期待、責怪、威脅、引發別人罪惡感……等不同情緒的組合。在戲劇裡面，驚恐的自我總是在尋找驚恐的小孩。

憤怒是一種愛的表現嗎？是的。愛包含了所有的感受，但不包含會掩蓋情緒的批判或戲劇化的外皮。每一種感受都有個溫柔的核心，可是我們不一定每次都能找到。高爾夫球很硬，不過球心的質地很軟，完全不會傷人。這就是感受的樣子。每一種感受都有它不傷人的柔軟核心，只要看得夠深入就會發現。**我是不是願意花時間去發掘呢？**

如果你掉入期待、批判和責怪的陷阱——這些都是自我最愛的消遣——當中，那你就沒辦法集中在真正的感受上面，也就不會有真正的溝通了。一對夫妻也許會說：「對呀，我們會溝通，我們總是表達出自己的感受。」這不見得是真正的溝通，因為他們表達出來的是責怪、期待、威脅……等等，這些都不是感受。除非你表達了最真切的感受，否則溝通也不可能真心。真切的感受不激烈、不莽撞，也不具侵略性。

為什麼我們會被誇張的自我嚇到？因為自我會用宏亮清晰的聲音說：「你必須改變，你很壞，你錯了，你沒辦法幫我把這件事辦好，你真沒用。」這些話會讓你想起過去小時候聽到的那些辱罵的話語，所以此時的力道是加倍的，這同時也重挫你的力量和你的自尊。誇張自我裡面的每一層都像是一種宣判，引發了過去的一些舊訊息：我還是受到別人的支配，別人用這種方式還是能激怒我。我覺得被攻擊，也失去控制，完完全全失去防衛能力。

表面上我恐懼的似乎是自己的無力感，其實我內心害怕的是展現力量。我害怕自己具備勇敢面對某人的能力，我害怕其實我有能力脫下每一層的自我，讓自己直接站到對方面前，表明：「你不能這樣對我，我不允許你這麼做。」然而，我並沒有那麼做，我只是輕輕帶過，以為我害怕的是感受本身。事實上，我害怕的是某個和我一樣害怕的人所利用的誇大偽裝。

有些人不只是害怕，還對你懷著敵意。他們可能是故意嚇你或傷害你。他們把這種行為稱為「給你一個教訓」，其實就是在懲罰你。這是恨——強烈的憤怒——再加上不願寬容的報復之心。敵意是暴力的一種，這種吝嗇鄙陋的傾向也許永遠不會消失。在一段關係當中，要當心「我能改變他，我可以使他軟化」的想法。因為你需要的絕對不是只有仁慈，甚至連治療也不一定有用。只有靈性的喚醒才有可能，這是一種轉化，但可能不會發生。

有些伴侶或家長的焦慮是神經質的。你的父母親可能脾氣不好，會打你，不過你知道那是出於愛。可是有些家長或伴侶是真的心地不好、懷有惡意，在他們內心有一股深沉的不安，那是無解的，連他們自己也沒辦法。對於這些人，你只能遠離。

功課　活在當下

如果你專心地靜坐——如同觀察人生百態的公正見證人在冥想一般——心裡只專注在單一感受之上，你就能一層一層地把責怪、期待、批判、想插手的需求、罪惡感、威脅……等這些自我外衣一一剝下。「活在當下」是脫離一切戲碼、得到自由的的途徑。

「我的伴侶背叛我，他不但劈腿，還跟她跑了。他拋棄我、羞辱我，還拒絕我。」這些都是披在悲傷外面的誇張外衣。「拋棄、羞辱、拒絕」都是語帶批判、經過詮釋的語言。「她走了，我很難過」才算是真正的感受。同樣的事，用戲劇性（聽起來更富吸引力）的描述法是這樣的：「我被甩了，我的臉丟光了，我被拋棄，她背叛我，她違背自己的諾言，她很不好……」這些全都是自我戴上的面具，目的是為了隱藏我們核心的感受，因為要撐過這些感受，自然是令人痛苦萬分的。

如果我一直講故事，重複自己如何被傷害、被拋棄、被侮辱之類的情節，我可能永遠都沒辦法體會哀傷。我會一直數落他人種種不好，讓每個人都支持我的意見。這種支持會讓我感到安慰（不過真正的朋友會支持的是我的哀傷，而非我的判斷。他們支持的是真正的我，而不是支持我逃離自己）。

重點的核心感受是什麼？我又能如何單純地表達出來？我只要單純地陪自己的實相一起坐著，就像看待一個新聞標題，我不必去刺激它、分析它，也不用擺出要發表社論的排場。這就是平靜地活在當下（此處所指的平靜，即是藏語中的「奢摩他」）。我們持續回到生存的環境中，想著：我獨自一人在承受苦難，我不能靠責怪別人來讓別人承擔。這是靈性的自由，是佛陀擺脫恐懼和欲望的自由，也是人世中痛苦與喜悅的理性平衡。我們的目標絕不是完全逃避恐懼，而是為恐懼找一個位置，再找出度過它的方法。

純粹地去感受，會使你脆弱地更有力量。你展現的是柔軟的一面，但自我不想這麼做，所以用一層層的偽裝做成堅硬的外表來保護這份柔軟，把脆弱藏起來。其實這是隱藏你自己最美麗的一部分，這個部分就是你用柔軟、不粗暴的方式傳達感受的能力。

自我在囚犯的周圍派了哨兵。囚犯在這裡指的是「真實的感受」。自我為了護衛形象所做的一切，迫使你囚禁了最真實的感受。這是恐懼自我揭露，也是對愛懷抱恐懼。如果你願意放手一試，開啟自己，人們也將張開雙臂朝你奔來，因為他們在你真實表達之時，會感受到全無敵意的關注，也會因此開始愛你。**這會不會就是令我們打從心底感到最恐懼的事呢？**

負面刺激是因為未竟之事延續在生活事件中所造成的壓力。這是生命力的贗品。所謂「戲劇化」的意思，是指讓發生在你身上的事情獲得戲劇般的份量：你沒辦法用正常的音量把事情經過講出來，而是裝腔作勢來提高憂慮的分貝。

負面的刺激隱含著恐懼的痛苦，它包含了恐懼與欲望這兩個戲劇性要素。真正在表達感受時，你先是傳達感覺，然後加以解決。真正的感覺會在最後獲得解決而畫下句點。如果這個感受被擴大解釋、拖延，而且得不到解決，那就是戲劇。如果你習慣用戲劇化的方式來生活，你就是在逃避真正的情緒表達。

既然如此，戲劇就不會有演完的一天，它對你更像是一種使命感。「我是個重要人物。我有使命要完成，還有很多事要做呢！」如果任務達成，我就沒有用了。所以，如果不把事情攪得天翻地覆，如果沒有持續讓我感到生氣或沮喪的事端，我就會失去使命感。這是一種上癮行為！事實上，當你失去演戲的舞台時，你感覺到的是戒斷的痛苦。戒癮的痛苦讓你繼續去製造下一齣戲，再一直重複、循環下去。

要分辨是不是戲劇有兩種方法。第一：戲劇沒有結局；第二，一場戲絕不會只有看戲的人，你入戲太深，讓你沒辦法後退一步，好好看清事情的本質。你陷入其中，所以沒辦法好好講述它，整個人都迷失了。你的戲劇將你吞噬，你也沉迷在劇情進展的微小細節當中，以致「你」根本不再存在，那又怎會有辦法做自己的功課！

你也不可能處理它，因為處理代表你必須站在一旁才能面對它。比方說，我發現我的愛人跟別人有染，我非常嫉妒（嫉妒這個字眼，被自我拿來表示哀悼：感傷、憤怒與恐懼）。哀傷把我淹沒，但我不想完整地把它表達出來，也不想去解決它。我把它丟給別人，跟周遭朋友傾訴，說她是多麼可怕的人……等等。我被故事迷住了，我也沒辦法描述事件，因為我已經成了故事本身，所以它動彈不得。情緒的本質指的就是從某處移出來。這便是它總是與真實感受，也就是生命力處於對立的原因。

對外界來說，戲可以演得很生動，因為你會四處去講，在電話中說長道短，找出更多正在發生的細節。這場戲只是看起來很真、很有生命力，實際上並非如此。生命力指的是把感受轉為解答，而戲劇卻卡在感覺和解答之間。

肥皂劇和偉大戲劇的分野在於，在肥皂劇裡，事件持續發生，卻沒有進展。而戲劇會思索故事中每一起事件的意義與衝擊。比方說莎士比亞作品中的獨白，角色都會從事件中後退幾步，徹底地思考。活在當下的一個短暫暫停，可以讓你放下，為你療癒。

愛上一個受你支配的人

愛不是一種感覺，而是一項選擇，你決定要鏡映某人的承諾。

它起源自父母親對孩子。

鏡映是指無條件的、正向的重視。

鏡映有四種主要的表達方向：關注、接納、欣賞，以及容許對方有做自己的自由。

這四項愛的要素，也是我們成人關係的主要需求。

要滿足這些需求，必須有人鏡映出我們的真實面。

自由是做選擇的能力與權利。

控制會將這項權利收走，並否認這項能力。

所以，當我們控制某人時，不是在愛他／她。

那時，我們已經去除了鏡映的兩項要素：容許和接納。

我們害怕讓對方變成他／她想做的自己。

控制是把對方轉變成自己的形象，我們愛的是那個自我鏡映的形象，而非被鏡映出來的真實對方。

也許我們多數人只能做到愛的片刻—在一些特別的片刻中，我們才敢表現關注、接納、欣賞，和容許。

在我們放下控制和恐懼後，愛才會滋長。

處在靈性之愛中，我們可以往前跨進一步，把更強大的內心力量鏡映給他人：無條件、完整的愛，常久的智慧，還有療癒。「控制」退位給「放心做自己」；「知道什麼對他們最好」退位給「尊重他們的決定」；「修改」退位給「對獨特性的真誠好奇」。

你願意冒險一試嗎？

功課　**讓愛進來**

處理恐懼的功課，可以依照以下的簡單步驟：

1. 承認你很害怕。
2. 讓自己完完全全地感受恐懼。
3. 表現得彷彿不被恐懼干擾。

容許愛你的人——以及你想愛卻做不到的人——靠近你，讓他接近到比你能忍受的距離再多一吋，維持一分鐘。當接納愛的勇氣帶來光亮，你會在恐懼中看到幽默。你會跟自己的痛苦開玩笑，取笑自己說：「有愛神的翅膀，我輕易地翻過了牆，磚石休想把愛擋在邊界外，有了愛，我什麼都敢冒險。」

想要愛與被愛的渴望，比對愛的恐懼來得更強烈。這就是愛的力量；它讓你變得不再小心翼翼、深怕越界——那是你在自己身邊建立的磚石，如今你的磚石不再把愛擋在邊界之外。這份功課需要你願意當個不靈巧的外行人。感受恐懼，同時也讓自己被愛，這跟牆築起的目的反其道而行。牆是在保護恐懼，現在你去掉恐懼的防禦工事，容許自己去體會，從而讓你的一舉一動彷彿沒有恐懼存在。每天增加一分鐘、加長一吋所帶來的影響，將隨著時間呈等比增加。這是你對身體細胞循序漸進的訓練，告訴你的細胞們：「你們不必再如此害怕了。」

當你的伴侶擁抱你，你會開始發抖、蜷縮，等到你真的忍受不了時，你為了逃離現場只好說：「你也知道我要上班。我現在沒時間待在這兒，我得走了。」要處理這份恐懼，你可以在被擁抱到忍耐不下去時，再多撐一分鐘。這會讓你感到不舒服和痛苦，但在這一分鐘內，你的身體會發現：「你待得下來，而且還撐得住。」此時，一股安全訊號已經穿透了每個細胞。下一次你可以再拉長一分鐘。不知不覺中，你就可以想抱多久就抱多久了。愛的行動反覆發生，就能削減我們和他人的恐懼反應。當其中一方大膽做了一件對方不能忍受的事情超過一分鐘，他們是在一塊兒的，他們是親密的。

擁抱人很簡單，被擁抱則是困難的。真正的擁抱不是只有抱一下子，而是抱得夠久，久到你自己也有被擁抱的感覺。當你在抱人時，你掌控了當下：抱多緊、抱多久、用什麼姿勢抱。可是當你讓自己被人擁抱時，你就給予對方部分的控制力和力量，這也是讓你擺脫恐懼的另一條路。

◆亨利和蘇姍

亨利和蘇姍稱得上是逃避愛情的專家。他們總是不斷地爭吵，不然就是找藉口吵架。他們吵嘴的內容又酸又毒辣，沒有一件事透過這種方式得到解決，反而讓兩人受傷、沮喪，對彼此的怨恨愈積愈深，也沒有一件事願意退讓。在他們內心深處，若暫時把自我放下，讓彼此有時間傾聽對方、包容自己的恐懼，之後帶來的詳和親密感，會把兩個人嚇得半死。

這段關係不是一個安全的容器，無法幫助真正的親密感滋長。他們擅於在溝通的假象下，大玩拉開彼此距離的遊戲，而且樂此不疲。他們互動的模式讓兩人沒辦法建立連結。這麼看來，這種關係也是一種痛苦的形式，因為雙方都處於自我挫敗的情境中。

然而，改變的機會卻只能在令兩人極度害怕的脈絡下存在，那就是面對恐懼、體會恐懼，然後再互相承認並包容恐懼。亨利與蘇姍拒絕這麼做。如果他們真的要追求親密而不是距離，會對彼此說：

「我怕你。我害怕被你所愛。我害怕對你付出自己。」

然後，他們會再說：

「我大膽地愛你。我大膽地被你所愛。我大膽地對你付出自己。」

將害怕改成大膽，改變的程式就會開啟。接下來就要開始做功課：面對、處理、解決恐懼的議題。這便是人類在成人相處上漸趨成熟的歷程。

但是亨利和蘇姍有不同的想法：他們都堅稱擁有自我，而且非得有一方要贏。那麼贏家會拿到什麼獎賞？在這已經兩敗俱傷、前景黯淡的錯配關係當中，彼此都會指責對方要為自己的不幸福負責，兩人也永遠難以建立成熟的親密關係。他們被一紙合同所束縛，這份合同就是一場沒有勝負的僵局，必須採取斷然措施才能打破。

第二部　克服你的恐懼

第5章 面對恐懼

比其他事情更容易讓我們感到恐懼的，是無力處理那些因為感受、哀悼、採取必要行動，放下或繼續……而衍生出來的事情。

「智慧靈巧如蛇，純淨無邪如鴿。」我們處理恐懼的方案，正是結合鴿子的不加防衛和毒蛇的豐富資源！「不加防衛」是指容許自己完整地感受恐懼，「資源豐富」則是指採用新穎的方式來因應恐懼。

面對壓力和危機時，我們不加防衛，但是在處理上，我們有一套因應辦法：

- 如果我出了車禍，這件事是我沒辦法加以防衛的，但我的資源是車險和律師。
- 如果我經歷了失落，我可以做的就是哀悼。我沒有辦法避免失落，但我可以哀悼，透過這個過程把痛苦放下，這些是我的資源。
- 如果我想戒癮，可以利用「康復十二步驟」。
- 如果你被別人傷害，「登山寶訓」可以成為幫助你處理的資源，它會反抗自我的下意識回應：反擊回去！

對待恐懼的辦法很簡單，就是承認它，容許自己去感受它，然後表現出不受恐懼妨礙的樣子開始行動。當我們決定「將自己安置在很想逃離的恐懼當中」的時候，就不再是把恐懼視為一個概念，而是看著心中那個害怕的自己，採取亦收亦放的方法，溫柔地鬆開恐懼對我們的箝制。

一個心地善良的人看到受驚嚇的小孩會心生憐惜，伸出手去抱他。當我們容許自己毫不防衛地感受恐懼，並以豐富的資源加以對待時，就是摟住我們心中那個害怕的內在小孩。恐懼應該被愛，並得到光照，這就是我們成長功課的真正本質。

每個人都具備騎馬的潛能，但不是每個人都有騎馬的能力。要能夠正確地騎馬，需要技能的學習和訓練，這才算「有能力」。能力會啟發潛能。處理恐懼也一樣，它是一種潛能，只有在習得技巧之後才會轉為能力。所謂的處理，不是去壓抑你的感受，諸如「我處理得非常好，我一直把心中的慌張掩飾得很好」，處理恐懼跟騎風馬一樣：你先啟動勇氣的程式，接著放開自己，讓自己接受靈性力量的作用，它將使你正在進行的事得到延伸與豐富。這就是心理功課與靈性恩典的整合。

心靈就像一把瑞士刀，它的刀刃足以讓你因應人類森林裡可能會出現的各種情況。同樣的生物在感到恐懼的同時，也會有處理恐懼的資源。從精神面來說，資源是助力存在的象徵，存在於我們內心，也存在於我們的周遭。當回應與刺激吻合時，就表示你正在處理事情。正在處理一件事的人，外表看起來也許是完全失控，他可能在尖叫、痛哭、用拳頭搥著牆壁。他採用激烈方式展現心中的真實感受，表示他正在處理。

當你痛失所有，悲慟瞬間爆發，好幾天不能上班或過正常生活。這也是在處理。因為你正在感受這份悲痛，也根據原始事件令你悲痛的程度做出適當的回應。還記得一九四〇年代的電影裡，喜劇演員在登台表演前一刻得到母親剛剛過世的消息嗎？他說了一句「戲照演」之後就上場演出。這個人不忠於自己，而是忠於觀眾。如果劇場經理觀眾宣布：「艾爾．周森（Al Jolson）遭逢重大變故非常難過，因此今晚或本週，甚至下週將不克演出。他正在處理哀悼，我們也尊重他。」這樣如何？

大部分的人對於感覺是害怕的。因為教養的一部分就是不流露自己的感覺，否則會讓別人不自在。大部分的人常把正常的憤怒表露視為具有侵犯意味的行為，甚至可能因為你生氣又表現出來，而對你加以排斥。對你的排斥背後，其實是「我怕死了憤怒」。如果你遇上這種事，可以說：「我在表達憤怒時，注意到你似乎吃了一驚。我生氣，不代表我失去控制，也不表示我會傷害你。如果你單純地為這個憤怒做見證，允許它發生，你就會知道我的怒意是無害的。」**當你變得愈堅強、愈健康，就愈能把事情講明白**。展現真實的生命力會嚇到別人，因為大家都不想平添事端，可是當你要處理和表達你的感覺時，是不可能風平浪靜的。

我記得小時候會邀請朋友到家裡吃飯，如果朋友不是義大利人，就不會想來第二次。我曾經問過為什麼，得到的答案竟是「你家裡的人都會大小聲，我很害怕」。我完全沒注意到這點！一直到最近我才意識到，小時候家裡如果出現暴力，或是面對身邊大人失控時的無力感，都會讓我感到極度恐懼。**在愛的情境中發生的恐懼**會給細胞留下什麼難以抹滅的印記呢？即使在上週，我在電影裡面看到一名父親對站在身邊的兒子發怒時，都還會不自覺地發抖。我聽到自己對那個小孩說：「趕快往後退！」、「你再靠近的話，會被打！」我想我在潛意識裡，一定會不自覺地把這個訊號帶進一段關係中。

我們都是從孩提時期的每個情境和理想形象（imago）中學到親密的。這就是為什麼當我們想與人建立健康的關係之前，需要先瞭解恐懼並具備處理恐懼的方法。在我們放下了遮敝我們一生的恐懼之後，我們就會更隨心所欲、更有能力去愛人。

如果你在成長過程中所見的盡是安全情境下的健康憤怒，你就不會因為有人生氣而感到恐懼，因為你曾經一再地見證到：憤怒不會導致暴力的結果。**小時候你的家庭如何看待「感受」這件事？是可以放心表達出來，還是要內斂以示禮貌？禮貌經常與感受對立。**

有兩種恐懼是你應該處理的。適當的恐懼帶來確實的危險訊息，所以處理的方式很簡單，不是逃就是戰。如果你能戰，就戰；如果戰不贏，就逃，向可以幫你的人求助。這個方法，就是適當地處理適當的恐懼。

神經質的恐懼該如何處理？你害怕親密、被拋棄、被排拒、成功、失敗，還有別人如何看你。這些不會造成真正的傷害，但這些假訊號不但看起來很像真的，也的確令人害怕。即使你的理性心智不承認有受它影響，我們還是應該處理所有的神經質恐懼。

童話故事裡試圖把萬物燒得精光的噴火怪，只是對恐懼的一種比喻。想要打敗噴火怪，你必須當個英雄或英雌，也就是說，你必須撐過這段痛苦的歷程，從面對它的痛苦到感受恐懼，接著還得再去處理它。

詩人里爾克（Rilke）寫道：「我們沒有理由不相信這個世界，因為世界並不與我們對立。它恐怖嗎？恐怖是我們自己的。有萬丈深淵嗎？深淵都在我們心裡面。有迫在眉睫的危險嗎？我們該試著去愛它們。若我們生活的安排能依循這些忠告，在困境中不放棄（這就是英雄氣概），那麼現在我們最不熟悉的人事物，終將成為最值得信賴也最忠誠的伴侶。我們怎麼可以忘記那些古老神話，噴火龍最後都搖身變成王子？也許我們生命中所有的怪獸都是王子，只為了等待看一回我們的美麗與勇敢。也許每件可怕之事在它的最深處都是無助的，需要我們伸手相助。」看起來，跟噴火怪獸一樣的可怕事物中，都有一位既軟弱又力大無窮的王子等你來釋放。

合氣道是借勁使勁，把進攻者的能量反轉回去，而不是以暴制暴。日文的合氣道中有個術語叫「入身」，意思就是你進入對方的攻擊當中，再隨之移動。你進入時是不具侵犯性的，融入對方攻擊的力道裡面，不試圖去抗衡，不阻止，也不反擊。這正是我們要對恐懼所做的事。你先感受內心的恐懼，進入這樣的感覺，然後與之交融，就像《小黑森巴》（*Little Sambo*）故事裡的老虎融化成奶油一樣。

不要試圖跟恐懼抗衡，不阻止，也不反擊，而是接納迎面而來的能量，將這份能量置於你的靈魂深處，再親密地感受它。此時攻擊的能量會折返，最後解除。這就是整合的真義，也就是對立勢力的聯合：行動終將回歸平靜。

去感受，而不是與之對抗。換句話說，就是讓「它」變成「我」，沒有雙重性。如果我們光想著要擺脫恐懼，就沒辦法由衷接納在自我認同深處的那一部分。我們的自我認同總是持續地掩蓋恐懼與欲望。當你面對它、進入它的時候，不必把它移開，這樣的行動將變成你的生命活力。活力帶給我們進入事件的能量，我們也藉著進入恐懼的能量核心而貫穿恐懼。這就是為什麼本書建議的功課不主張徹底根除恐懼，而是希望你用疼惜自我的態度來承認與感受這份恐懼。

跟溫柔對待恐懼一致的，就是一個真誠的微笑。真心的微笑會刺激腦中的突觸（兩個神經原的相接處），讓大腦無法感到恐懼。微笑跟恐懼不能共存。所以當神經質恐懼發作時，想辦法對自己微笑，你當下的恐懼就會消失。放下恐懼並非與之對抗，而是使它與更喜樂、更勇敢的事物結合。

功課

簡易三步驟

處理神經質的恐懼，有三個簡單的步驟。在每一步開始之前，先在心中想像一個能吸引你、讓你放鬆的圖像，做一次深呼吸，平靜地專注於圖像。

首先要承認你的恐懼感。做這一步的目的是破除所有的合理化說詞，讓你不再透過這些說詞避開或掩飾恐懼。不要說：「我跟她相處時有點不自在。」而是直接說：「我怕她。」因為否認是我們的自動反射，所以最有用的方法，就是要比感受恐懼更充分地承認它的存在。

其次是徹底感受恐懼，也就是對恐懼不加抵抗，不逃開，也不試圖擺脫。你可以做任何動作來體驗這個感受，不管是發抖或震動都可以。讓這個感受在你的全身作用。「我容許恐懼流經全身，我相信地球會接手，並將它疏散。」（在後面「容許的技巧」中會有更詳細的說明）

第三點就是要採取行動，像是恐懼阻擋不了你，這是最困難的。我表現得像是我什麼都不怕。這不是騙人的，因為我確實具備所有的相反特質，也就是說我的內心具有什麼都不怕的特質，只是還沒用到。我的行動不受恐懼主導，但我會和恐懼一起行動（勇敢的人也跟你一樣害怕，但他會鼓起勇氣行事）。這個辦法會為你的不防衛增加豐富的資源。

當你實踐這三個步驟時，轉化就會出現，你會開始相信自己可以熬得過恐懼。我感到害怕，這是真的；而我尊重這個事實，也加以承認，第二，我如此真實地感受到恐懼。然後第三，我表現得彷佛恐懼對我不是阻礙，去做就對了。這麼做，讓勇敢落實成行動，我用真實去抗衡不真實，用確鑿的證據去抗衡虛構。成果就是我的行為變得更加英勇，而且我也注意到自己的轉化：感覺愈來愈不害怕。

這樣的轉變不僅讓我相信自己，也豐富了我的自尊。我本來花費在編故事和否認的精力，現在有了新的目標，就是誠實。這裡說的編故事，就是為自己找的每一個藉口、每一個因為、每一個為什麼、每一個字典裡除了「是」之外的字。

承認、感受和行動是互相矛盾的，因為我做的正是令我害怕的事！想要變得健全，一開始先得哄騙自己，想辦法讓自己克服恐懼。比如說「我很怕，所以一定要去做」、「我很怕這種雲霄飛車，不如去買票來坐吧！」榮格說過：「只有矛盾才可能助人領會生命的完整性。非模糊（nonambiguity）與非對立（noncontradictoriness）分別代表理性和合理的愛，它們都只呈現了事情的其中一面，永遠無法傳達出超自然的一面。」

你採用的那些步驟，會讓轉化發生。《綠野仙蹤》的故事一開頭並不是與飛天猴城堡的女巫大戰。這場最撼動人心的情節被安排在最後，也就是當桃樂絲學到如何面對小龍之後才發生。每一次驚險過後，桃樂絲都變得更堅強，也得到更多力量和自信。

我們一開始就提到，恐懼是「拒絕整合」。現在我們可以完整瞭解這句話的含意。對水的恐懼可以靠學游泳來整合。那麼恐懼該如何整合？整合恐懼的辦法就是**承認、感受以及用行動克服**，採取行動來抵銷恐懼的力道，去做你害怕的事。事實上就是如尼采所說的：「凡不能毀滅你的，將使你更強大。」

功課　實際練習：害怕表達意見

首先是承認「我害怕發表意見」。此時你的理智會介入，提供合理化說詞：「等等，不是不能發表言論，只是不想傷到別人的感情。」或者「你說出來可能會遭到否決，乾脆別說。」

聽到內心發出這種壓制的聲音時，你可以這麼回應：「謝謝你的建議。我承認我害怕發表意見。沒錯，我說出來的話也許會傷到別人。是的，我說出來也可能會遭到否決。不過，既然我決心要改變，即使害怕也要說出來。」透過這樣的坦白，你就不必再做這些想法的犧牲者。你也不再讓理智利用威脅的口吻或合理化的藉口來逃避，而是提出不同的選項來回應恐懼。

把這些話對人大聲說出來，會很有幫助。你也許會想，為什麼要大聲承認自己害怕？這是因為每一次的承認都會化解「自我」的力量，讓自我不再僭越主宰的地位。神經質的自我基於恐懼而生，恐懼有能力在你心裡創造空間，而愛可以填滿它。

其次，容許自己有這樣的感受。採用「表現得像是……」的策略。此時心裡的惡作劇精靈會說：「你已經承認，也去體會，這樣夠好了。你該獎賞自己，做到這裡就好。」但你還是要說：「不管怎麼樣，我都要大膽地說出來。」

在你決定這麼做、從體會階段進入「表現得像是」的那一刻，你將感受到轉化發生了，這股乍現之力將帶你進行最後一個步驟。你每走一步，都會得到再走一步的力量。你的理性最後會放棄，因為它看到你有所作為，而且無論如何都阻止不了你。你現在不再是受害者，因為你已經將「我可能會失敗」的脆弱感結合了「我正在行動」的力量。

第三，表現得像是我一點也不怕。我做的這個決定，和我不感到恐懼時所做的決定一樣。有個好問題可以問自己：「如果我不怕的話，會怎麼做？」一整天、一整個禮拜、一整年都用這個態度，你便能搭起一座連結無畏無懼的橋樑，這是一條以神經元傳導的高速公路。建造一條免於細胞性恐懼、通往自由的高速公路，你就能改變大腦的訊息。因為恐懼是以生理學的方式登錄在體內，所以免於恐懼也需要身體的改變。如果你每次都表現得彷彿不受恐懼影響，就等於在指揮你的細胞放掉恐懼。如果你每一次都用合理化來掩蓋恐懼而不行動，那麼恐懼得到的指示便是一切照舊。

我們不可能全然不恐懼，但可以擺脫圍繞在恐懼周邊、來自神經質的故事情節。神經質的故事情節會讓我們感到羞愧、軟弱，而難以處理恐懼。因此，在處理神經質的故事情節之後，我們才能真正免於恐懼。

> 我先從害怕勇於發言著手。
> 我拒絕所有的合理化說詞，
> 然後進入使我力量增強的領域。
> 現在我明白，其實整合恐懼是一場
> 不再與恐懼為伍、不再為恐懼所困，
> 能夠穿越恐懼的英雄之旅。

容許的技巧：停下來感受恐懼

給恐懼一個空間、一場聽證會、一個搖籃；
在試著解決恐懼之前，你必須讓它完全發生。
花費精神和時間去瞭解、擁抱你的感覺，讓它正當地存在。
接著，某個東西開啟，你的能力得到增長。

想像爸爸停下手邊的事，傾聽小孩的哭泣，還蹲下來，讓自己跟孩子一樣高，摟住傷心的孩子。這個小孩感到舒服多了，會帶著更多的力量自己跑開。

強迫自己不這麼做，只會折損你的自尊。真正的勇氣不在於徹底根除恐懼，而在於對恐懼加以探索、真正跟它打照面。之後你會發現，我們的感受既不是正面也非負面，而是中性的，就像海一樣有高潮低潮，不變的是它持續在動。雖然我們看不到，但我們的感受一直在內心流動著，就像海浪在流動而我們不會時時盯著看一樣。只有在特別的情況下，我們被拉到海灘時，才會注意到浪潮！英雄不會消除恐懼，他只會透過體會、面對和穿越障礙，找到方法來度過恐懼。

在感到害怕、悲慟或寂寞時，我承認它，然後抓住那個獨特的感覺，把它跟孩提時代雷同的痛苦經驗相連結，讓自己去體會。我在自己的渾沌中孕育，就像聖靈從黑水中孕育萬物一樣。我跟自己的恐懼與淒涼坐在一塊兒，沒有打電話、開電視、放縱性愛、吃東西、喝酒、吞安眠藥那些我平時在用的避難方式。當我好好招待自己時，就不需要客人了。

我愈讓自己去體會感覺，我的感受力就愈強。用這種方式培養自己的能量非常有效，讓我變得愈來愈不需要找外人來滿足我或填補我的空虛。我幫了自己的忙，需要別人幫的地方就愈來愈少。現在我可以不求回報地愛人。

愛情不再代表著「你剛好是符合我收藏條件的洋娃娃」，而代表「你就是你，我完全瞭解並尊重你的特色。我不會再為了否認或逃避寂寞，去裝飾或美化你的特點」。當我開始照顧自己的時候，那些使我成癮的人事物對我的吸引力都會減弱。自我親職（self-parenting）正是自我解放。

除非我們愛自己，否則絕對無法克服恐懼。當我們面對自己的感覺，打開自己的心房時，我們的心也會柔軟下來，願意讓自己和其它人碰觸。自我接受的心是無懼的聖殿。無懼並非恐懼變少，更不是沒有恐懼，只是**有更多的愛，多到足以超脫恐懼**。恐懼是你在登山步道上看到的豪豬，你看到牠覺得很有趣，牠不會妨礙你繼續走下去，也不必被消滅，因為豪豬屬於大自然的一部分，就如同恐懼屬於心靈途中生態的一部分。

抑制我們感覺的源頭，可能是孩提時代極為悲傷的真實經驗，我們也許會很難釋懷。自我教養無法回頭修補或回復人生既定之事，這些事會成為陳年傷疤，雖然不可逆，卻也不再造成傷害。

新發生的失落如果跟過去發生的事情相似，就可能觸發我們想去修補的恐慌。在一段關係中，如果你把父親的理想形象投射在伴侶身上，那麼被拋棄的感覺就會帶著失去父親的原始痛楚，過去巨大的情緒磨難現在可能會再度出現，因此我們會極度盼望那人不要離開，「留下來安慰我吧！別再讓我從頭經歷一次原始傷害的衝擊！」

不管用多少的自我教養或治療，都不能使我們心中難以撫慰的部分回復原狀或徹底消失。真正的健康，是接受傷痛的無法回復性。這個功課**不強調清除，只講求容許**，本質上是一項溫柔的工作。奇怪的是，當我們不再因為傷痛而向任何人或上癮物質尋求慰藉時，我們竟然就能獲得自由。就好像撒哈拉沙漠的長年荒蕪並不會傷害地球一樣，我們心中的荒蕪之地也不會干擾心靈的生態。如果你把遊客帶到荒漠是為了要讓荒漠變成主題公園，那就大錯特錯了！

認可生命的嚴苛並接受它，是人生不可逆轉的一部分，會起治療的作用，這是很神奇的。還記得神話中笛米特（Demeter）哀悼女兒波希芬（Persephone）被劫，便把穀物送給人類作為禮物的故事嗎？**想一想：這段關係是否足以安全地支持我呢？我的伴侶能支持我嗎？**

比較以下這兩個畫面，看看整合的功課如何發生：

摩西（梅瑟）被放在籃中，隨著尼羅河往下漂流到一處不友善的水域，抬頭所見是空無的蒼穹，低頭盡是空無的深水。他什麼事都沒做，只是躺在籃裡；他單純地待在原地感受被棄孤兒的錐心之痛，既不期待，也不絕望。在蘆葦叢中，他被一名公主拉上岸，並得到良好的教養。

再來看被困在加利利海（加里肋亞海）上風暴的耶穌門徒，在掀起巨浪的海上飽受溺斃的威脅，縱然用盡水手的經驗與技巧，依舊是徒勞無功（看看自我如何費盡心思地想靠人的意志力而非呼喚天恩來保全自身！），在水面上行走的耶穌讓風暴平息，朝著他們走過去，一邊說著：「是我，不要怕。」

這兩種情勢構成了我們的功課：躺下來，讓恐懼隨意把我們載到它想去的地方，接下來，我們走在令人害怕的水面上。我們讓恐懼發生，再隨著恐懼移向平靜之地。恐懼看起來就像第三者的「它」：它跟我們不同、跟我們對抗、跟我們分家，也跟我們作對，事實上它是我們的一部分，也就是「它即我」。所以佛洛伊德才說，療癒指的是「它所在之處，我亦隨之」。當「它即我」發生時，自由的時刻從它開啟，這便是無懼。恐懼是人類心靈的一種贈予，也因此它對我們是有益的，是能帶來轉化的，只要我們學會如何駕馭它，而不是讓它踐踏我們。

無畏之心
應放入慈愛的搖籃裡，

吸吮免於自我質疑的自由乳汁……
恐懼之心
能轉為戰士精神，
恆久年輕的自信
往無邊無際的太空開展。
當下，它將見證人類美善的旭日東昇。

——西藏香巴拉詩

◆當凱莉離開派崔克

凱莉與派崔克結婚十年後，才突然宣布跟別的男人來往了六個月，也決定離開派崔克。派崔克受到極大的打擊，傷心欲絕。他對凱莉一直是毫無保留地信任。她的不忠狠狠地衝擊到派崔克，而他願意做任何事挽回凱莉。他哀求凱莉回到他身邊，但她不但不為所動，甚至對他展現傲慢的態度。已經沒有什麼能讓她改變心意，她對派崔克所受的苦當然也無動於衷。此時的派崔克吃不下、睡不著，心思完全被凱莉所佔據，深深地為妻子求去備感傷痛。他相信如果凱莉願意回頭，一切就會沒事了。

派崔克求助於心理治療師，治療師讓他明白，他把妻子的離去看得太狹隘了，因為這不只是凱莉，還包括在他生命中所有離開或背叛他的女性。治療師表示：「事實上，念念不忘只是一個訊息，我們思念的對象只是一個隱喻，代表心中有件未獲解決的事，而且這件事通常源自我們的孩提時代！成年時期的伴侶會更具有象徵意義，我們會以為就是他們。」

派崔克想起過去被他母親用不同形式拋棄的情景：她與他情感上不親近，她也不關心兒子的情緒。他總算知道他失去的不是只有凱莉。事實上，他有如此強烈的反應，並不全是凱莉引起的！

派崔克現在更能對自己坦誠。他從一開始就過度美化、強調自己跟凱莉的關係。他知道這段關係從很多方面來看，都是他不快樂的來源。他開始明白，渴望凱莉回家的自己，其實是個匱乏、失依、被拋棄的小孩。另一部分的他則準備好要放手，這是派崔克心中成年人的一面，他看透了整件事的殘忍，也深知這是最有智慧的結果。他知道自己所哀悼的那些失去，是從未存在過的東西，那是他從來沒在凱莉身上得到的溫暖和安全感。他感受到的痛苦不是因為一段珍貴的感情消失，而是因為要放掉一個令人安適的習慣是多麼困難！

派崔克愈想就愈發現是凱莉幫了他一把。畢竟，放不掉對自己沒用的事、也放不掉自己不想要之物的人，其實是他。「我不想要的，凱莉不會給我。是她在替我設條件，而這些條件我沒辦法自己設。」他感到很幸運，甚至對凱莉和她的新男友充滿感謝！可是哀悼與痛苦還在，派崔克需要有充分的時間來處理這些情緒。

慢慢地，派崔克開始會去陪伴沮喪、悲傷與孤獨這些情緒，不去干擾它們。他只是單純地去感受、專注在這些情緒上面，這是他的母親和凱莉沒做過的。派崔克對自己做了「鏡映」的功課。他接納這些感覺，把心中的臉從凱莉換成母親，再換成過去曾經離開他的所有女人。透過這種方式，他做完了所有被女人拋棄的哀悼工作，一個接一個。最後他看到自己的臉，領悟出他也被自己拋棄了，因為他總是閃躲自己的情緒，還強迫自己留在不幸福也不適合的關係當中。

同時，他也允許自己完整而徹底地去感受，這份原來就存在的能力過去一直被壓抑著。這份能力在得到釋放後又進一步增強，幫助他獲得更豐富的感受。現在派崔克更認識自己、更喜歡自己了！他對自己的關心也更加慷慨，他對自己付出了不管是母親、凱莉或過去的自己都沒給過的愛與支持。他繼續用這個簡單的方式與自己的感覺共處，也不再把這些感覺直接投射在凱莉身上。這股剛被發掘出的能量，還有他和情緒建立的深度接觸，都讓凱莉的形象變得愈來愈模糊。派崔克需要的，現在他自己有能力給，為什麼還要找個做不到這些事的人來呢？

派崔克沒有馬上投入新的感情。他喜愛自己的陪伴，就這樣過了很長的一段時間。有一天他將會用比以往更健康的方式與他人交往。凱莉讓他找回自己，也找回了愛的真諦。他們的婚姻是有價值的。

功課　編製你的恐懼清單

再也無須畏懼高位者的蹙眉，
你已安然遠離暴君的皮鞭。

——莎士比亞，《辛白林》（*Cymbeline*）

現在我們已經清楚瞭解，我們每個人都經常會感到恐懼。恐懼普遍存在於人的生命中，這是很能理解的。原因之一，是我們所處的世界經常是瘋狂的！其二，我們多數人都在恐懼的氛圍中長大，在我們有機會對恐懼說「不」之前，恐懼就已被我們內化。所以我們現在要看的，是如何從恐懼中復元的辦法。

恐懼讓我們相信最壞的情況會出現，而且我們沒有能力應付。恐懼就是因為我們的無力感才變得如此陰險。只要我們相信：**在理智陷入恐懼後所做的推論，一定還有別的選項，我們自身也有能力處理發生在我們身上的事**，我們便能打起精神，重新振作起來。

列一張你的恐懼清單，再擬定一份釐清恐懼的宣言。你會發現這很有用，可以當成迷你版的克服恐懼課程！它結合了恐懼功課的三大要素：承認恐懼，完全感受它，然後表現得像是自己並不害怕的樣子。

把清單逐項唸出來並錄音，每天聽自己的聲音或是定期複述。在你唸的時候，想像自己依照這些宣言行動的樣子。這張清單（以及本書其它清單）適用對象的範圍很廣，所以請依個人的特殊狀況自行刪增：

我相信我真實的恐懼在向我傳達「危險將至」的訊息。
我承認我也有虛假的恐懼與煩惱。
我同情過去這些年來處於恐懼中的自己。
我原諒曾經催眠我、讓我誤信不實恐懼的人。
我現在願意一次又一次地告訴自己，我正在幫助自己免於恐懼。
我的無懼足以平衡恐懼。
我相信我具備了作為男人（女人）的力量和豐富資源。
我相信我有豐富的創造力。
我相信當我面對挑戰時，內在的力量將會開啟並大量釋放。
我相信我自己作為男人／女人，有能力處理今天發生的任何事。
我知道該如何回應挑戰。
我愈來愈清楚如何包容身體的恐懼。
我不再將恐懼儲存在身體內。

我現在鬆開所有緊繃的地方。
我開啟身體，讓喜樂與安詳進入。
我讓身體擺脫恐懼的箝制。
我放鬆身上最常留置恐懼的地方（下巴、肩膀、脖子……等）。
我放開源自恐懼的壓力與緊張。
我放掉基於恐懼而興起的念頭。
我不再基於恐懼而做決定。
我不會聽從那些想對我輸入恐懼的人。
我不再從每一件事物中尋找恐懼的成分。
我放下恐懼，不再害怕，也不再認為每件事都令人生畏。
我放下好像大難臨頭似的老習慣（亦即對恐懼的信念：相信事情只會維持現狀！）
我愈來愈能察覺自己的立即、反射式的恐懼反應。
我察覺到我習慣讓自己的腎上腺素維持在特定濃度。
我承認我（有時候）（經常）（總是）會讓腎上腺素隨著恐懼和欲望的生命戲碼分泌。
我放棄充滿壓力的刺激感，選擇穩健與詳和的生命力。
我不再執著於最壞情況可能會發生的想法。
我相信自己一定能找到替代方案。

我從自己的恐懼中看到幽默。
我從面對不實危險的誇張反應中看到幽默。
我從每一回的恐懼中看到幽默的一面。
我從每一回的恐懼中找出幽默的回應方式。
我跟恐懼帶來的痛苦玩耍。
我以堅定的愛向害怕的自我微笑。
我相信我有能力處理讓我害怕的人或事。
我愈來愈能夠察覺每件發生過或正在發生的事，該如何面對、整合與放下。
我具有自我療癒的力量，而且我也會主動尋求、發掘外界的支持。
我擁有巨大的能力進行重建、復原與跨越的功課。
我對自己的能力愈來愈有把握。
我對於當下、過去和未來發生的事情愈來愈不害怕。
我相信自己。
我發覺也相信自己具有心想事成的神奇能力。
我喜愛自己在正確的時機覺醒、改變、下決定或結束的方式。
沒有什麼事能脅迫我或阻止我。
我放下所有關於自然的恐懼。

我放下所有關於天災的恐懼。
我放下對於疾病、意外、衰老與死亡的恐懼。
我不再害怕知道、擁有或展現自己的感覺。
我放下對失敗或成功的恐懼。
我放下因罪惡感與羞愧而產生的恐懼。
我放下對於獨處或時間太多的恐懼。
我放下被拋棄的恐懼。
我放下被吞噬的恐懼。
我放下對親密的恐懼。
我放下對於付出承諾的恐懼。
我放下對於遭人背叛的恐懼。
我放下被騙或被搶的恐懼。
我放下對於付出／接受、開始／結束、來／去、匱乏／富足、說不／說好的恐懼。
我放下愛人的恐懼。
我放下被愛的恐懼。
我放下我可能會失去、失去金錢、失去臉面、失去自由、失去朋友、失去家人、失去尊重、失去地位、失去工作、失敗的恐懼。

我放下對於自己必須哀悼的恐懼。
我不斷放下，不斷前行。
我放下自己的偏執。
我放棄出於恐慌的儀式性行為。
我放下我對工作表現的恐懼。
我放下我的性愛恐懼。
我放下為人家長／子女、員工／主管、伴侶／朋友的恐懼。
我放下想要掌控的欲望。
我承認我操控是為了掩飾恐懼。
我放下必須正確無誤、領先、完美的欲望。
我放下別人應當照顧我的想法。
我放下對於生存環境的恐懼：
——我接受我有時候會輸。
——我接受事情會變也會結束。
——我接受痛苦是人生成長的一部分。
——我接受天下事不一定公平。
——我接受別人可能會騙我、背叛我或對我不忠。

我有足夠的彈性接受生命的一切，也能寬容地接受生命中發生過的一切。
我放下在自己的生存環境中要求特權的欲望或認知。
我認可當下的困境是必經之路。
我相信在所有表象之下都有其目的。
我放手的事物比命運能取走的更多。
我對所有順利解決之事總是心懷感激。
我感激上天的恩寵無所不在，也感激它使我的人生豐富。
我在看似無解的恐懼背後總會找出其它的選項。
我打開自己，接受生命與人事的流動。
我感謝處處等候著我的愛。
我感覺被許多人深愛著，不論遠近或生死。
我感覺自己得到至高力量（神、宇宙等）的關愛與注視。
我相信我身負重要天命，我依循它而活，為達成天命而活。
我讓自己全然感受：
——我注定要領受的喜悅。
——不帶恐懼的生命之喜。
我讓恐懼離去，讓歡樂進入。

我讓恐懼離去，讓愛意進入。
我放掉恐懼，延伸我的同理心。
我對他人的恐懼愈來愈能理解，愈來愈敏銳，也愈來愈能憐憫。
我愈來愈能欣然接受各種人。
我擴大愛的疆界，對所有生物施予愛心。
我實踐面對恐懼的因應之道，勇氣也日益增加：
——我放下控制。
——我順其自然。
——我承認恐懼。
——我讓恐懼穿越自己，並去感受它。
——我表現得彷彿自己毫不恐懼。
——我享受恐懼裡幽默的那一面。
——我對我自己和所有人都更加疼惜。
我具備勇氣與機智。
我不再總是自我防衛。
我保護自己。
我不暴力。

我無懼於受到攻擊。
我是英雄：我熬過痛苦，在苦難試煉中昇華。
我不會被威脅我的人或情境嚇倒。
我讓別人的恫嚇起不了作用。
我不再因為受到威脅而逃跑。
我不會退縮畏戰。
我在壓力之中展現優雅。
我不逃走，也不躲藏。
我的恐懼漸漸成為健康的刺激。
我與危險面對面交會。
我勇敢地面對戰鬥。
我正面迎向挑戰。
我面對批評與抨擊。
我不畏冒險。
我堅守底線，適時行動。
我的勇氣在面對威脅時會自動湧現。
我勇於展現真實的自己，包括我的恐懼與勇氣。

我將深藏心中的勇氣在此刻釋放。
我欣慰自己具備堅忍不拔的力量。
我不再躊躇不前與自我懷疑。
我在面對恐懼時鼓起勇氣。
我有膽量、鬥志和不屈不撓的精神。
我冒險犯難，行事帶著責任感，不失優雅。
我放下對於與別人不同的恐懼。
我放下滿足他人期待的想法。
我不再因他人的怒意而感到害怕。
我不因別人不喜歡我而擔心受怕。
我不因不實的指控而感到恐懼。
我不必照他／她／他們的意思做事。
我承認在過度誇大的義務背後，其實是害怕獨立自主。
我不再害怕他人的不認可、奚落或拒絕。
我勇於停止試探他人的贊同。
我勇於放棄裝腔作勢。
我放棄所有的姿態、虛偽和裝模作樣。

我勇於做自己。
我承認，害怕自我揭露的背後，是害怕自由。
我坦然伸出手，展露我的喜好、展露我的熱情。
我透過每個字、每個感覺和每個行為來展現自己。
我喜歡被人發現，看見我在真我流露時的行為。
我探索自我認同最遙遠的地帶。
我勇於過著最能反映我深切需求的生活方式。
我不再堅持糾正別人對我的印象。
我不再害怕自己的力量。
我不受壓抑。
我善用內在源源不絕的生命能量。
我勇敢而豪邁。
我勇於無條件地奉獻自己。
我敢無條件地捍衛自己的疆界。
我向上天的恩寵敞開自己，它讓我見證到有祂的不同。
我使勁地將靈魂的大門打開。
我釋放在此刻依然受到恐懼囚禁的愛。

我釋放在此刻依然受到恐懼囚禁的喜樂。
我尊崇也喚醒我的生物能力、人性能力、神性能力。
我讓真愛驅逐恐懼。
我如同佛陀般面對恐懼，我在恐懼面前成佛。

有一次佛陀在菩提樹下靜坐，敵人放了一隻野生白象朝他猛衝而來。佛陀將右手舉至胸前，掌心向外，左手掌心向上置於腰間。他不急不徐地以右手令白象道：「不要怕！」以左手告訴白象：「要愛！」白象接收到這兩個訊息後，轉為平靜溫馴，彎身臣服在佛陀面前。這便是第一個手印：禪坐的一種手勢，可以達到平靜地留在無畏無懼之中的境界。

向恐懼說不的唯一方式，就是對愛說我願意。
對愛說我願意的唯一方式，就是向恐懼說不。

第6章 勇氣倍增

時候到了，繼續含苞比大膽綻放來得痛苦。

——美國作家阿娜伊絲·寧（Anais Nin）

這愛情的蓓蕾，經夏日的薰風吹拂，待下次我們見面時，會變成美麗的花朵。

——莎士比亞，《羅密歐與茱莉葉》

恐懼的力量之所以大到能壓制我們，是因為我們以為自己沒有其它選擇。這一點現在已經很清楚了，我們真正害怕的，是知道自己在沒有支持時會感到的困頓與挫敗。所以，當我們看到全新出路的那一刻，會感到充滿力量、高興萬分。這也是讓自己從恐懼的束縛中解脫的最重要方式。那麼，我們其它的選擇在哪裡？自我肯定（assertiveness）會指出一條明路，讓我們有能力面對令我們害怕的人或事。想要發現勇敢站起來的力量，方法就是放下恐懼。

自我肯定的行動會排除恐懼，被動而立場搖擺的行為則會讓我們受到恐懼制約。此外，侵犯性的行為是源於行為者自身的恐懼，也把恐懼傾注在別人身上。自我肯定的行為，其實就是我們要如何進行「表現得像是……一樣」。本章將運用一些練習和實用步驟教你處理恐懼，同時提高自尊感。

「自我肯定」是力量（power）的代名詞，它的定義是這樣的：

- 清楚你是誰，以及你想做什麼。
- 要求你想要的。
- 對你的感覺與行為負責。

注意這幾點的可行性與可及性。

「恐懼的自我」對力量的看法則有明顯不同：

- 對所有的事都要有把握。
- 得到你想要的。
- 讓別人照顧你，掩飾你的錯誤。

接下來講的這幾點，並不是所有人都能做到，事實上大多數人都做不到。如果我們把力量視為「擁有」（having）而不是「存在」（being），會讓它變成一種高人一等的感覺。用自我肯定的態度來處理恐懼，我們便能認清其實個人力量是我們真正可以得到的。這就是它能夠立刻增強自尊的原因。

說清楚、**講明白**：這會帶給我們一種力量會增強、受到鼓舞的感覺，跟「我一定要永遠是對的」所帶來的不安全感與疏離很不一樣。清楚知道自己是誰，等於對他人宣告你認同真實的自己，這包括了無懼地公開你可以讓人辨識和坦率的一面，而不帶隱瞞。選擇讓真實面見光，反而能根除你對自我揭露的恐懼！

要求你想要的：這是指對他人表露你這個人，以及你需要什麼，透過請求來照顧自己。這會打破早期被訓練出來的被動性。

負責：這是指為你的人生樣貌和每個決定的結果負責。這跟個人的力量感會互相應和，當你具有力量時，你就會積極打造自己的人生。如果你讓照顧你的責任落在別人身上，他們甚至替你繳罰款，你就是讓自己成為人們眼中的受害者，沒有能力通過人生道路上的波折。

「自我肯定」有四個前提：

1. **你有能力掌控自己的回應**。你不必在時機過去之後才對自己說：「如果我當時那麼說就好了。」你可以練就如何跟自己的感覺保持連線，當情況出現時，就可以適時對他人做出令你滿意的回覆。

2. **不必等到態度改變之後再來改變行為**。行為的改變可以先於態度的改變，行為改變了，態度就會做出相應的變化。你只要表現出好像具備了充分自我肯定的態度來行事即可，不須等到建立足夠的自信心後再來做。

3. **它可以漸進達成**。先從簡單的事做起，再循序進入愈來愈困難的事情。比方說，我們不要一開始就提「我要分手」，可以先這麼說：「不妨來談談我們現在對這段關係的感覺吧！」

4. **表達自己的感覺，是與他人互動時一種安全而無暴力的方式**。侵犯性的行為會發生，是因為我們壓抑了憤怒和恐懼，而不是釋放這些情緒。侵犯是情緒的爆發，而自我肯定是平穩、柔和的釋放。

功課　運用「表現得像是……」的技巧來確立我們的無懼

1. 說清楚、講明白

☆表達你自己

這包括明白展現你這個人、你的感覺和你的意圖，也讓別人知道你想做什麼、你說的話是什麼意思。這跟玩撲克牌時把手上的牌緊貼胸口「不讓別人知道我在幹什麼」所代表的自我保護完全相反，而且不管你多擅長虛張聲勢，最終還是得攤牌。

☆勇於說「好」、「不好」、「也許」

如果你想說好，就說好；如果想說不好，就說不好；如果想說也許，就直接說也許。自我肯定不是指一定要確定，而是要清楚地表達。

☆擁有整合的自我

從身體找線索，把身體當成回音廊來使用。身體不會說謊，如果每次你做某項舉動時都會頭痛，就表示這個舉動對你不利。自我肯定的人所做的事，會讓他全程都覺得舒服自在。當身體告訴他不要做某件事，他絕對不會對外在的壓迫性訊息做出回應。

☆明確及具體

「別說你會永遠愛我，告訴我你將在週四下午四點愛我。」詩人奧登（W. H. Auden）如是說。你的需求必須明確、具體。比方說，「我不相信你」雖然是一句肯定的話，卻過於籠統，如果改成「我不相信你，我要看到這些之後才會相信」就比較具體。當你提供如何改進的特定資訊，你釋放出來的訊息便是：「我不希望事情繼續這樣下去，我想讓事情變得更好。」

☆提供清楚訊息

舉例來說，當某人跟你借車，你不想借時，肯定而清楚的意見表達是：「我的車一向不出借。」不自我肯定的反應是：「今天不能借，因為我去銀行要用車。」如果你講了後面這句話，對方下次可能會再次提出要求，因為他沒有接收到真正的訊息，不知道你根本不願意把車借給別人。你還會氣他又跟你開口。這樣的結果就是出自不夠清楚而有力的溝通，只會變成痛苦而令人不自在的掙扎。

☆察覺你的需求

第一個前提，是相信你絕對有需求。舉例來說，孤單的人有時不會讓別人看到他們的寂寞感，他們不主動接觸別人，寧可保持孤單。在這種情境之下，「察覺」與「說清楚」的意義便在於打破慣性，承認「我是孤單的」，然後再進到下個階段的察覺：「我需要什麼才會讓感覺好一點？」察覺是一個循序漸進的過程。我們從察覺到動起來，再進到足以造成改變的行動。只有讓自己先做第一步，才做得到第二步。

2. 要求你想要的

☆要求清楚的訊息

「把你真正的意思告訴我」比什麼都不問卻存疑或猜測來得好。要求你想要的，也包括詢問別人的想法：「你請我吃燭光晚餐，也許你有意跟我交往？」

要求清楚的訊息，也可以為一段關係定下遊戲規則。你可以說：「我想要為這段關係定個規定，就是當我們其中一個人跟第三者發生性關係時，一定要向另一個人坦誠。」這類規則乍看之下很令人尷尬，其實尷尬也代表恐懼。願意接受尷尬和難為情，就是改變的要件之一。

☆問清楚

「自我肯定」意味著檢視個人的幻想、懷疑與直覺。舉例來說，當你懷疑你的伴侶和他的同事有曖昧時，不必找私家偵探，而是自己問他。如果他的答案聽起來想掩飾，你可以說：「我不相信。」或「我還是不理解，你可以幫我、讓我知道我為什麼會這麼想嗎？我的直覺告訴我你有問題，但你說沒有，我們再繼續談。」

有時候別人不承認你的直覺是正確的，你會對自己說：「我是怎麼了？為什麼沒辦法接受事情就是如此？」想像以下的場景，你說：「你以前每週都會打電話給我，現在你完全不打了。難道我們的情誼生變了嗎？」對方回答：「並沒有，一切都很好。」這就是你的直覺沒有得到證實。但這會把你逼瘋，因為你會不停地想：「為什麼我會有這樣的感覺？我究竟怎麼了？」事實上你的直覺可能是對的，所以你不妨這麼說：「我還是相信我的直覺，我想再多談談。」這麼做就是相信你的感覺，同時也朝著發現事實的方向再往前邁進一步。

☆確認

每當你向某人表達你的感覺時，你要詢問對方是否瞭解。你說的有沒有被聽進去？確認跟辯護不一樣。確認表示體會、認可，最少要真正地瞭解。舉例來說，當某人說：「我很不爽你沒做到該做的事，因為你該做哪些事，我們早就說好了。」如果你的回答是：「你胡說！我做的事跟你做的一樣多。」那就不是確認。如果你這樣說：「我知道你的感覺，我會把事情做好。」這才是確認。如果你和對方還沒達到確認的程度，就採用「跳針法」：重複地說，直到別人明白你的意思、也聽進去為止。

☆要求感謝與讚美

感謝與讚美是透過言語或肢體對人傳達肯定之意。自我肯定的人會要求正面的回饋與感謝，他知道自己需要回饋，也會直接提出。這包括對他完成之事給予認可與讚揚，或者在他需要時給他親切的對待和身體的親密接觸。

3. 負責

☆接受他人自我肯定的表達

自我肯定是雙向的，是一種互動式的經驗，能讓你去注意別人傳達給你的訊息。這不但顯露你願意傾聽的態度，也是對說話者本身及其意願的尊重，更代表你對他人的需求與感受是敏感的。真正的親密感會讓你關注對方的存在，也重視兩人共處的需要。你會明白，在此時只須保持寬容仁慈，其它的義務責任都不是最重要的。若能察覺他人低聲的啜泣、驚嚇的沉默或無聲的尖叫，你就能體貼他人，這就是關心的真義。

☆對事件帶來的衝擊做出回應

自我肯定包括對某個經驗帶來的衝擊做出回應，而不光是回應他人的意圖。舉例來說，某人在你工作的時候責罵你，你對自己說：「唉，他一定是心情不好。」你找理由替他開脱，然後不再提這件事。這麼做表示你已回應了某人腦袋裡的意圖。其實還有更恰當的回應方式，那就是：「我知道你心情不好，可是你罵我的時候也傷害了我的感情。」這麼說，就是在認可此人的意圖之外，也同時回應事件造成的衝擊。

在這個例子裡，你除了對自己的感覺負責，同時也察覺別人的處境。當然，如果對方的痛苦很強烈，你也許會決定乾脆不要提自己的感覺。比方說，如果你聽到別人說出很嚴厲的話語，而這個人本身就已經悲慟萬分，你出於疼惜，也許就會保持沉默。愛與關懷有時會讓我們少一點堅持。

一般而言，如果只是單純地宣告自己的感覺，是不會傷害到別人的。會傷害別人感覺的情況，是當「我」的個人感覺陳述，讓對方感覺像是對「你」的斥責或審判。當你在述說自己的感覺時，卻聽到對方說「你傷害了我的感情」，你可以先肯定別人的感覺，告訴他：「我相信你覺得被傷害了。我也在跟你分享我的感覺，希望你能聽下去。」認同有人被傷害的事實，但同時也要求別人傾聽。

☆表達感覺

自我肯定是承認我們的感覺，不管是輕鬆（如喜悅）或沉痛（如恐懼），我們都要負起責任。我們要讓自己感受所有的情緒，而不是加以掩蓋。沒有所謂的負面情緒，只有令人難受的經驗。用自我肯定的態度，你會接受自己柔軟與嚴厲的不同面向。接受你有脆弱、慈愛、關懷、慷慨的一面，也接受你在某種程度上是貪婪、自私或會心懷惡意的事實。這麼做的目的之一，是接受我們的負面陰影，這些都是存在於我們身上、卻被我們否認而不願去察覺的特質。找出負面陰影的方式之一，就是去看看哪些是我們無法忍受別人的事！

表達自己的感覺很難，有時感覺似乎牢牢卡在心中（或轉為肌肉的緊繃），需要治療才能將其釋放。身體是感覺的視覺形象，自我肯定的人會放掉這些抗拒，讓別人知道他的情緒。

親密是分享感情，不只是交換資料或秘密。對我們來說，讓別人知道自己因為某項缺點感到羞恥，似乎比顯露羞愧感容易。放下這些被壓抑的溝通方式，就是為自己的感覺負責，不過這可能也是自我肯定最險惡的特質。美女不願接納野獸，是因為他外表醜陋，但最後野獸死去那一刻，她為他掉下一滴淚，對野獸顯露了她的感覺，讓野獸變成王子。我們心中每一種負向情緒，一旦得到我們的認可與接受，終究會成為美麗之情。原本皺起來的臉，甚至會對我們微笑。

☆完成未竟的情緒經驗

「兩年前我們爭吵後就沒再說過話。我想重拾友誼。我想檢討當時發生的事，傾聽你的抱怨，表達我的感受，把這件事做個了結，那麼我們的友誼可以有另一層進展。」

一段關係或一段友情的結束都必須被哀悼。即便是為期甚短、你自願放棄的戀情，也會留下些許失落感和悲傷，這都值得關注。自我肯定的人不會逃避這項功課，不會隨即投入另一段戀情或依賴化學物質來麻痺感覺。他不會從別處尋覓慰藉，而是靠自己的力量或治療的協助來哀悼自己的失落，甚至也會直接面對相關的人來完成這個功課。在他覺得時機正確（感覺很好）時，他會重新聯絡對方，然後把事情做個了結。自我肯定的人不會因為受到強迫而貿然行動，在時機成熟時也沒有什麼可以阻止他。

☆社會現況的察覺

這裡討論的自我察覺，焦點放在「說清楚，講明白」。察覺的另一個面向，是社會性的察覺，這是連結個人需求與社會需求的介面。自我肯定的人會為自己的行為後果負責。他知道自己的需求和決定不是處於真空，必須與其它人的需求與權利加以協調才能存在。自我肯定的人會找出滿足需求的辦法，同時尊重他人的權利，在冒犯別人時也能加以彌補。這便是心理生態學！

不該做的事之一：消極——因恐懼而交出你的力量

力量，你可以擁有它（自我肯定）、把它讓給他人（不自我肯定、順從），或者是利用它來貶損或控制他人（侵犯）。沒有人會分走我們的力量，除了我們自己交出力量。以下列舉的，皆為被動、受恐懼驅使、不自我肯定的行為：

◆道歉與藉口

前面說過，替別人找藉口，通常是希望藉此不去面對那些讓我們不舒服的行為。我們替這些不愉快的經驗進行心理手術，讓事件有個結束，這樣就不必感受因為內心一部分的我希望能有自我肯定的態度、卻不得不放棄而產生的惶恐。

當有人傷害我的情感時，我可能會默默地告訴自己「他只是想不到更好的做法」、「他對每個人都是那個樣子」或「沒有必要造成我們兩個之間的尷尬，這次就算了吧！」然後把事情了結。與其這樣替別人找藉口或找理由讓自己接受，真的應該明白講出「我」的心聲，讓對方知道這種情緒帶來的影響：「你說的話傷到我了。」這才是自我肯定的行動。

◆委曲求全

不夠自我肯定的生活方式，就是你用超過一半的時間在委曲求全。在拉丁文裡，「耐性」的原意是受苦，「忍受」的原意是變得堅硬。當我們把精神都花在委曲求全的時候，就等於選擇受苦，讓現狀維持不變。「委曲求全」的反義詞是「改變」。**改變有沒有**

發生，都是你選擇的結果。抱怨與發牢騷是不願改變者的常態。如果酒精上癮者的妻子一直抱怨先生總是醉醺醺的，另一方面又向先生的上司編造不上班的理由，這就不是自我肯定的行動。自我肯定的行動是停止發牢騷，不再替先生掩飾，同時也想辦法照顧好自己。

◆大事化小

不自我肯定的人習慣讓情況先緩和下來，壓制憤怒的爆發。「我得小心伺候這個人，否則他很容易勃然大怒。」不自我肯定的人不想追究，是因為他們為了維護「和平」，會使出懷柔策略或假裝沒這回事。其實這麼做是違反現狀。當對方真的很好鬥、怒氣沖沖或一觸即發時，拿一件不肯定的外套來遮住，只是壓制真相的浮現。這個策略若是用來應付暴力傾向或精神不正常的人，那是合理的，但如果是用在你交往的對象上，便註定會失敗。

◆抑制

抑制，是害怕去做我們真正想做的事。抑制**不是**為了某件不會或不該發生的事情而採取的行動。「發生」跟「做」是相反的。缺乏自我肯定的人看事情，是認為事情會「發生」在他身上，而不是他有力量去「做」些什麼來回應可能發生的事。「我不想出去、不想認識別人，是因為我很害怕（所以我要自己待在這兒）。」「我很害怕」是一句自我肯定的表示，因為這句話承認恐懼。但括弧內的則不是自我肯定的話，因為它表示你還陷在恐懼裡動彈不得。

◆活在被動的反應中

有時候我們的行為與感受，是奠基於別人可能的舉動之上。這不是自我肯定，因為此時力量掌握在別人手中。她先做了決定，我再來計畫策略。擬定策略也不算自我肯定，因為這只是企圖對現實加以避免或掌控，而不是讓現實呈現出來。也就是說，此時的行動是反事實的。父母親一直去保釋吸毒被抓的子女，正是過著被動反應的生活，雖然用盡力氣想解救孩子，反而在過程中害了他們。

「我們現在要讓你為自己的行為負責。你決定要做的事，後果該自己面對。我們會支持你進行矯治所需的治療，這是我們唯一會做的。」當子女犯罪時，這樣的回應才是「非被動反應」（自我肯定）。

◆過度投入

這是耗竭（burn out）的症狀，定義是長時間付出過多，但回饋很少，也沒有得到感謝。當你的負荷增加，你就必須付出更多！這個原則適用在工作和與人的關係上面。

◆**不斷讓步**

健全的成人會主動尋求協商，以達到雙方都能接受的協議。重點不在於放棄你的要求，而是透過使雙方都得到一部分想要的，來達到共識。如果你妥協的時候超過一半，就表示你目前正在過著讓步的人生。

◆**做中間人**

「我去替你跟你爸爸說，我想我可以說服他。」這是在分擔別人該負的責任。每一次我替你採取行動，就是在放棄我為自己行動的機會。「當中間人」和「營救」（rescuse）之間的界線很細微。「營救」是一種侵犯性的形式；「做中間人」則是一種不自我肯定的行動，而不是侵犯性的行動，因為它的重點不是自我照顧，而是在照顧別人時犧牲了你的自我肯定。

◆**禮貌過頭**

禮貌是優雅的行為風格。過度禮貌指的是幾乎每一次都讓別人優先。我在排隊時，別人插隊，我因為太害羞或太有禮貌而不發一言。過度禮貌，就像前面提到的，是你在尷尬、也不自我肯定的情境下做的合理化行為。

◆裝弱勢

這指的是你擺出「手裡拿著帽子的小男孩」的姿態去求別人。你會有這種心態，是因為別人身上有你想要的，你覺得他們比你優越，可以任意欺負你。你故意講出取悅他們的話，或透過這些話表現出你很有價值。說話的對象如果是長官、法官、警察……這類的人，這種對話就很常見。你可以這樣說：「雖然我一直超速，我還是想得到公民應有的尊重。」、「雖然你是我的長官，我還是想自由發言，一對一的。我的部屬身分毫不影響我該得到尊重與平等地位的權利。」

不該做的事之二：侵犯——把力量用來控制

自我肯定是指你**擁有自己的力量**，不自我肯定是指你**把力量交出去**，侵犯是指你**把力量用來控制**。「我不喜歡這個教授，我不想上他的課。我要去告訴他，他有多麼差勁。」你不是讓他知道你對課堂的感覺和失望，而是斥責他、貶抑他，這是積極的侵犯行為。你也可以用消極的方式來表現你的不滿，比如乾脆翹課、遲到、製造麻煩，這些都可稱為消極的侵犯。

消極侵犯的類型通常能有超過一種以上的詮釋。你可以解釋為「我只是遲到而已」，也可視為「我不喜歡這堂課」。大部分的人會使用消極的侵犯方式，因為它製造的衝突比較少。在檢視下列八種類型的侵犯行為之後，你便能清楚區別自我肯定與侵犯的差異。

◆輕蔑

「你讓我很生氣」和「我很氣你，你是個大白痴」這兩句比起來，前面這句話是自我肯定，因為它表達出你的感受。第二句話因為加了批判性言語，所以是侵犯性的（那是與自我肯定完全相反的戲劇性反應）。第二句話可能會引發爭執和敵意，而第一句則有助於展開溝通。

以「你」開頭的話，如「你完全沒有公平競爭的概念」，通常帶有攻擊意味，因為這些是基於判斷後的意見。以「我」開頭的陳述，譬如「我對這麼不公平的待遇感到憤怒」，就是一般性的肯定語句，因為這純粹是感覺的表現，或是你對於某個人、某句話或行為的反應。耶穌說「不可稱人為傻子」的時候，並非要求大家守禮，他講的是事實。沒有人是傻瓜，沒有人是失敗者。只有恐懼自己、有自卑感的人才會去貶損他人。這是一種內在的防衛機制，當它表露於外在時，就是侵犯性的行為。

◆操縱

操縱是指運用策略，從某人身上得到他不想放棄、或他已經要放棄卻未察覺的某件事物。因為這涉及到控制別人、漠視別人的權利，所以也具有侵犯性質。要陷人於罪或採取高壓攻勢時，都能看到操縱的手法，比如：威脅；爭吵最激烈時故作氣憤狀離去，留下情緒高張的另一方；冷戰……這些都是操縱。

◆怪罪

怪罪是基於你必須是對的一方，所以你必須讓別人站在錯的那一方。這通常是為了讓事情按照自己的意思去做。這是侵犯性的行為，因為它跟清楚的溝通完全相反，並且還企圖貶抑另一個人。

◆轉移責任

「都是你惹我生氣的」、「看看你叫我做了什麼事！」、「如果不是你，我早就……」當你把責任轉移到別人身上時，語氣一定是非難、惡意且無禮的。自我肯定的人會說：「我生氣了，事情是這樣的……」或「我明白生氣是我的責任，不是你造成的。不過負起發怒的責任，也包括讓你知道這件事。」

我們的情緒有很大部分是別人的行為觸發的，但處理情緒並不是別人的責任。「我沉痛地認清你對我的情緒帶來什麼影響，但情緒是我自己的，我只是請求你協助我度過。」為自己的感覺負責，同時指出別人在其中扮演的角色，這是自我肯定的行為。

◆營救

受害者本來就已處於劣勢，而且會對於現狀感到氣憤，這是所有受到迫害之人的寫照。他會把怒意發洩在營救者身上，自己反倒因而成為加害者。前面講到，營救等於替別人做了一半以上的工作，付出超出一半的努力。如果你這麼做，就是使對方變得更無力照顧自己。所以營救者的另一個名字叫做「加害者」。

你這樣不是提供幫助，而是製造無能和怨懟。如果我照顧某人的方式，是幫她做她自己做得到的事，等於是以「幫助」為名，讓她變成輸家。

◆競爭

我們知道讓步和協商的分野，這還可以用競爭和合作來做類比。在競爭關係中，我們會因為對手的損失而感到高興。在合作關係中，喜悅則來自彼此共事達到雙贏的結果。競爭具有侵犯性，合作則是自我肯定。從親密關係更能明顯地看出，競爭是由於雙方缺乏信賴，合作是基於雙方都想繼續發展。舉例來說，怪罪也是一種競爭，因為「我才是對的，而你必定要當錯的那一方」。與競爭相對的是合作：「不管誰對誰錯，我們都要一齊努力，讓我們的問題得到解決。」

競爭強調的是距離而非親近。每個人都要全副武裝，拉開自己和他人的距離：競爭、出類拔萃、高人一等、跑在前面、批判他人、隱瞞、刻意訴諸理智、想要自己永遠是對的、什麼都要超前。想要有別於他人，本質上來說並不具侵犯性，它之所以變得有侵犯性，是一方把它視為不可告人的秘密，另一方卻還相信兩人正在為增近親密感與合作而共同努力。

已經有人在研發不以競爭為核心的運動項目。如此一來，伴隨著競爭而來的緊張和焦慮感會被自在與生氣勃勃的凝聚感所取代，勝利就是全員出席，大家肩併肩，不會有你上我下的結果。完成一項合作任務就是贏。

◆命令

自我肯定的人對於他人的權利具有高度敏感性，所以會謹慎地學習如何尊重他人行動的權利，即使是錯誤的行動亦然。這在親子關係中尤為重要。不斷地命令孩子做這個、做那個，只會讓他們變得無能，最後甚至會用自我傷害的方式加以反抗。

自我肯定的父母會適時與孩子約法三章，之後切實執行。「去拿你的衣服」、「去做家事」……等，這些都是嘮叨和侵犯性的話語。相反地，「我們已經講好了，你要自己去拿衣服，我希望你遵守約定」這樣的內容，才是肯定的宣稱事實，並做出要求。

◆侵犯他人權益

具有侵犯性的人在侵犯他人權益時，有些人的行為很明顯（肢體暴力、偷竊、詐騙、撒謊等），有的則會採用精巧難辨的手法。也因此，在確認是否侵犯了他人權益時，來自其它人的反饋非常具有價值。他們可能比我們更早看到這些細微隱晦的侵犯行為模式。以下舉出三種類別的回應實例。

當有人欠你錢，你想把錢要回來的時候：

自我肯定的人會說：「你欠我五元，我想拿回來。」不帶責備或厭惡之意，只是單純地表達他的想法。

不自我肯定的人什麼都不會說。他害怕向別人要錢，便開始把事情合理化：「向別人討債很不禮貌，聽起來很自私。最好是等他自己決定何時還吧。」他把自己的力量讓給欠他錢的人。

積極侵犯型的人可能會說：「你算哪門子的騙子！你明知道你欠我五塊，快還錢！」**消極侵犯型的人**不會對債務人說什麼，而是跑去告訴他所有的朋友：「這個人很不老實，欠我的錢都不還。」侵犯性的行為通常是為了掩飾對哀傷的恐懼。「如果我輸了，我一定會難過。為了免於痛苦，我只好先下重手欺負他，逼他把我想要的東西交出來！」他現在就在擔心一旦被騙或失敗，就得承受哀悼的痛苦。這個想法讓他變得固執，也堅持己見。

自我肯定的回應通常很直白（比如「我要」、「我是」、「我不會」）。不自我肯定的回應多為假設性(「如果……」、「他可能」)。侵犯性的回應經常是命令式的(「不要做」、「你要改」)。

當你學到自我肯定的態度之後，你會發現這份自我肯定不只在言語中流露，從你說話的方式也能感受得到。其實言語扮演的只是次要的角色，你擁有力量的訊息會透過非口語的方式展露出來，比如：

眼神接觸：直視對方，不會望向別處。

手勢：大腦負責言語表述的部位，跟做手勢的部位都在同一個區塊。運用豐富的手勢表達時不必拘束。

姿態：頭不要低著，也不要轉到一邊。擺出有力的姿勢。

音調變化：音量要夠大，讓別人聽得到你在說話。

此外，最後一項要注意的，就是你的用字遣詞。所以有必要跟一群人以自我肯定的情境做角色扮演，或者找個可以給你回饋的朋友，看看你說出來的話是否夠堅定。這些都有助於建立你的自我肯定。

自我肯定是健康自我的生活方式。
侵犯是自我膨脹及傲慢的生活方式。
消極是自我匱乏的生活方式。

我們有免於恐懼的權利

◆你有提出要求的權利

你有權向百分之百的人、在百分之百的時機、提出百分之百的要求。不必只要求你認為你能得到的或你可以擁有的，而是**要求所有你想要的**。提出要求之後再來協商。

◆你有權宣告自己的權利

「你說我不能打電話給你，問你什麼時候會把工作做完，這讓我很不高興。我有權打電話給你，詢問我們的合約執行進度。」或者，當老闆說：「你問題太多了。」你可以回答：「我有權利問問題，這樣我才能把事情想清楚。」

◆不管你過去、現在或未來做什麼，你都有權利不去解釋理由

別人邀請你參加聚會，你不必說：「我不能去，當天晚上我要開會。」你只需要說：「我沒辦法去，謝謝你。」給理由不是必要，但如果你體貼朋友，說出理由也無妨。

◆你有權決定你為他人承擔問題的責任尺度

「因為我沒車，所以你一定要來接我。我要去那裡只能靠你載。」別人的處境你不必負責，除非是你自願，或者你們之間有協議，那就另當別論。所有的期待都應該在雙方共識下才算數。不管是必要、方便、習慣、或合理……這些都不能視為一定要由你來承擔的理由。

◆你有權改變心意

「我知道我已經答應跟你共乘車輛，不過做這件事令我覺得愈來愈困難，所以下個月之後我沒辦法再繼續。這段期間請你另做安排。」

◆你有犯錯的權利

「你是護理師，不該犯這種錯誤。」「沒錯，我是護理師，但我也是人，也會失誤。我做的事我會負責。」當你行使本項與前項權利時，負責任的態度很重要。否則這些權利就會變成單方面的推脫之辭。自我肯定的人在享受權利的同時，也會對他人的權利保持敏感。

◆你有權不依邏輯行事

當人們說：「你不能那麼做，那件事完全沒有邏輯。」你可以說：「我當然可以那麼做。我對這件事的理解比你看到的還多。」當我們感到自身具有力量時，便能毫無顧慮依自己的意志而行，更不會受到別人的恫嚇所影響。

◆你有權為自己的利益而行

「我比這個人先到，應該比他先得到服務。」很多人都開不了口講這句話，深怕「聽起來很小氣」或被批評「貪心」。在這些自我批判的背後，其實是另一個聲音在說：「千萬別擺出自我肯定的態度，不必擁有力量，讓別人的力量壓過你，不要做你自己，根本就不要存在！」

◆你有權不去自我肯定

自我肯定一直都是選項之一。我們即使學到了自我肯定的技巧，還是可以選擇不這麼做。比方說你在電影院，裡面空位很多，坐在你後面的人很粗暴、很無賴，即使你用堅決的語氣提出抗議、請他們安靜，也可能無濟於事。你最好換位置，因為此時「選擇安全舒適」比「自我肯定」來得重要！要記得，我們的行動絕非處在真空，我們都得考慮時間、空間與其它條件。

◆你有權在你選擇的生活方式中尋求支持

這個原則包括你在這個外放的世界裡，有權做個內向的人！這項權利需要你自己去找能提供支持的人。自我肯定的人深知支持的重要性，從解決問題、性與性別議題、情緒的因應、到做決定等各方面的支持都需要。你會尋求這些支持，是因為你知道用自己的方式追求幸福，是你不能被剝奪的權利。你也會支持實踐這項權利的法律。你會努力推動肯定權利的法案。

通往真實勇氣的障礙

我們的生命經驗阻礙了我們勇敢地去實踐自我肯定，比如：不必提出你想要的東西、不必照顧你自己、不必擁有力量……，這會讓我們很難達到自我肯定的目標。我們從小就被教導，我們希望得到的肯定、賞識與讚美，都是很稀有的東西，完全不夠滿足我們。「我最好別要求太多，快要沒有了。」或「我最好別給得太多，否則我可能會一無所有。」

造成我們相信我們的要求很難滿足的，就是以下這些規戒：

◆別提出你的要求

「如果你在別人家看到你想吃的餅乾，不可以主動說要吃。如果別人給你吃，你要拒絕。如果別人再次問你要不要吃，你可以說好，但只能拿一片。」這便是教養——不要吃別人的餅乾，也不做肯定表示的公式。在自我肯定當中，我們將改變這些「要做」和「不要做」的規戒。

第二點是不能開口要，尤其是不能要情緒性的好處，因為「如果還要你開口要，那就沒有價值了」。這種說法的真正意思，似乎是如果某件事因你而成，它的價值將會降低。事實上，我跟你要廿美元，和你自願給我廿美元，它的價值依然是廿美元，不多也不少。

但是，我們通常不會用這樣的道理來判斷情感上的價值，我們會說：「我希望你自己發現。」這句話的意思為：「我非要等你變成一個敏感、能洞悉我需要什麼的人。」若是如此，我們不就像是待在梨樹下張著嘴的人嗎？只等待梨子掉下樹來，卻不思伸手直接摘一顆來吃。

◆不要讚美別人

我們認為，讚美別人可能會引起他人懷疑「你到底想要什麼？」，因而不表示感謝、也不加以珍惜，這些都是我們早年被不斷教導的行為，結果便是人我之間的疏遠。大部分的人都害怕親密。因為不願讚美別人，我們只好跟別人保持距離，這樣子才不必面對親密感或給予承諾的壓力。

◆不接受他人的好意

「你說我身上這件衣服好看？我還比較喜歡你的。」我們總是把讚美推回去，這也是因為小時候總被教導不要相信別人的善意，因為「其中可能有詐」。我們不像貓，貓會讓人撫摸，不會逃開，也不會說「去摸狗啦！」貓會讓摸牠的人碰觸牠的身體，而且享受於這種感覺。牠知道這是牠應得的待遇。

不接受別人的愛意，是因為不想被義務綁住。假使我不接受你的付出，我們就兩不相欠。這是自我逃避親密關係的藉口。

◆不要拒絕你不想要的

「如果你去外婆家，她給你吃東西，吃下去就是了。別說你不要，不然你會讓她傷心。」意思就是你沒有權利拒絕你不想要的東西。這麼做可能會演變成你怨恨那些想送你東西、以為你需要的人。有些人可能會強迫你接受。對於你不想要或不喜歡的事物，如果你相信自己沒有拒絕的權利，就可能發生這類的尷尬場面，也沒有機會得到更正。

◆不要讚美自己

「不要自吹自擂」、「不要吹牛」、「不要誇口」……為什麼不呢？「我好不容易學會怎麼調音。我存了很多錢。而且我的天分比我想像的還高呢。」這是從恐懼轉為勇敢的正確自我價值認同，雖然有些人還是認為這叫做自大。我們可以對這些人說「不」嗎？

在新教對公立學校教育或個人宗教的影響下，重申個人力量的障礙是來自新教的倫理理念：

- 個人成就是透過努力：「每個人都可以做總統。」（不要做普通人）
- 滿足是表現良好的結果，而非目的。（不要享受）
- 知識通往真實，而感覺不會，所以「不要訴諸情感」。（不要有感覺）
- 請人幫忙解決事情表示你很軟弱。（不要試圖讓自己免於苦難）
- 一直做同一份工作是穩定的象徵，不管你有多討厭這份工作。（不要改變）
- 你靠天分或努力的所得都該自己獨享，不必分享。（不要付出）
- 跟別人打交道時，正不正確比保持彈性來得重要。（不要感覺）
- 死也要成功。（不必活下去）

比較一下上面的訓示，以及下面辨識你是否健康的標準：

1. 你有清晰的理解力，也能自由地做決定，亦即不受到情緒困擾、心理壓力或認知偏頗的影響。這表示你不會任由情緒、幻想、恐懼、成癮習慣、邏輯或他人的脅迫所擺佈。

2.你生命中的欲望、目標、計畫或決定都有其連續性，經得起時間的考驗。特別是在你做出決定的前一（幾）個月，一定是每天不間斷地想要實行這項決定。

3.生命中的重要人士、可能因為你的決定而受影響的人、可能為你的計畫提供技術性知識的人、可能跟你做一樣決定的人、跟你做相反決定的人，還有治療師或支持團體……等，這些人，你都應在合適的時機與他們展開對話。

4.你具備執行這項任務所需的技巧與才能，或者你正逐步符合完成這項任務的要件（福氣結合天分，使命便應運而生）。

5.你對於目標有強大的使命感，強烈到不論你遇到什麼挑戰或危險，都有能力熬到完成的那一刻。

6.你的決定具有良知，在實踐時不會違反道德或侵犯他人權利。這個決定建立在愛與自尊之上，而非侵犯、自我或自我貶抑。

7.你的心中總帶有一絲疑問。「百分之百的肯定」可能是自我意志抗拒探索其它選擇，或在研究所有可能性之前就草率地予以排除的訊號。榮格提醒我們：「確定絕不會引導出新發現。」

8.你會不斷地從夢境、直覺和同時發生的事件（有深意的巧合）當中，發覺內在對你的決定做了認可。

9. 你持續收到神的恩典來確認你的決定。比如很多事情自動到位、獲得超乎你毅力和智力範圍的力量與體會，以及事後的收獲高於原本的付出。這再度印證了風馬的道理，亦即人為努力與神性護持的相互作用，以及採取行動之後發生的轉化。護持的力量有利於你的推展。想折磨你的勢力無法嚇退你，只會讓你加以警惕。

10. 你追隨自己的福氣。你對這項抉擇的正確性具有自我肯定的信念。你對這項抉擇，抱著持久、直觀與有形的目標感。這些條件終將形成玄妙的冷靜與沉著。

富於想像力的靈魂，由群星裝飾的原型形塑而成，具有強大的力量，並非純粹的神之音。靈魂的本質，符合性格最深處的元素，也符合其整體性。它包含著意識與潛意識，因此是超越自我的。

——榮格，《良心的心理觀》（*A Psychological View of Conscience*）

當恐懼感遇上安全感

我們在本書的開頭就瞭解，恐懼會一直與我們同在，但我們能夠與恐懼共處，安全地感受它，以行動超越它。自我肯定帶來的勇氣讓我們有力量，能安然面對世界和衝突。它讓我們以更純熟的技巧，運用坦率平和的方式表達感覺。此外，我們也學到如何堅持不懈，同時以開放的態度透過協商來得到自己想要的。我們也不會受不公平批判、怪罪和他人高壓攻勢所操縱。

受人控制是你選擇的結果。不自我肯定的人生是自己要負責的。我們的父母親和社會也許把我們引導到這個方向，可是我們也不思改變。自我肯定的態度有助於讓我們看清我們選擇的路。雖然別人遞來一份壓制人的劇本，但我們可以用開放的眼光來操作。雖然不自我肯定不一定全部歸責於我們，但在此時，成年的我們必須負最大的責任。

最後，自我肯定讓我們學到，侵犯模式的後果，就是感情與親密關係最終將離我們而去。一段關係中的競爭只會讓一方成長、另一方受害。羞辱對方讓我們得到虛假的優越感。自我肯定的心態才能幫助我們建立自尊和沉穩，我們的關係也會變得更完全、更親密，也更踏實。

練習自我肯定的技巧時，並不會出現什麼犯錯或失敗的結果。如果發現我們在某個練習的情境中（比如跟朋友或在團體中做角色扮演）不能堅定主張，這不代表失敗，只是讓我們知道，應該再回過頭練習前一個或前二個步驟。當我們抵達安全水準（也就是成功的水準）時，自我肯定建立的速度將呈指數成長。

我們已經明白，自我肯定即「真實」。真實就是你的確有需求，真實就是你有權利要求得到你想要的。真實就是你看透的任何事情。真實就是對今天的你和你的作為、昨日的作為以及明日的作為負責。

有時候，你與伴侶在互動中表達的自我肯定，可能會讓你發現伴侶帶來的某些痛苦。然而，**今天你擁有痛苦和真相，但明天只有真相會留下**，而真相將因開啟一股新的生命能量及掌握恐懼中的自由而永存（最後，正如我們所見，恐懼沒有力量制住我們，真正壓抑我們的，是環繞在恐懼周邊的無助情節）。詩人里爾克筆下完美的關係是這樣的：「兩個自由之人相遇、擁抱、致敬，並保護彼此。」這不是放棄人的自由，而是珍視你自己和旁人的自由。「對於真理，我們無力對抗，只能支持。」聖保羅（St. Paul）如是說。

我們偶爾會生出極大的勇氣，在突然間做出英勇的行為。這不太可能是自我的力量，比較可能是靈性我為了救助某個無助而絕望之人所伸出的援手，讓一個普通的路人或目擊者在瞬間具備大無畏的勇氣採取行動。並非是「我」介入，而是神以鼓勵我去救你的方式而介入。這便是聖方濟所說的：「成為和平的工具。」

第7章 通往無懼的靈性之路

若我有二片麵包，
我會賣掉一片來交換風信子，
因為風信子滋養我的靈魂。

——阿拉伯諺語

超越「做什麼」（to do），進入「存在」（to be）

為了想吃梨而走向梨樹，是積極餵養身體的自我照顧行為。如果坐在樹下凝視花園最後綻放的那幾朵花，就是照應更深處的需求：回應美麗的事物。我不是放棄吃梨，只是允許自己欣賞自然，豐富我對宇宙的體驗。我允許自己迎接即將發生的驚異之事。這是意識的接收模式，具有平衡自我肯定模式的作用。這是通往恩典之門，只有恩典才能與人的努力互惠。

想要處理恐懼，只有英勇行為是不夠的。隨著靈性接納（spiritual receptiveness）能力的成長，我們愈來愈能體會自己參與世界的程度非常深遠。我們對於當下的覺察，變成改變的唯一目的，而不是改變的工具。我們改變，是因為欣賞我們與萬事萬物的連結。這即是事件在其發生中完成了它的歷程。這是自我肯定模式的另一面，它使這份新的覺察成為達成目標的工具。

相信宇宙，我們就會開悟。不再需要把惡夢變成好夢，只要覺醒就可以了。我們可以把執著於目標與成功的自我認同全部拋開。當我們把靈性的覺察擴展到足以包容每一個人，對於自我的保護程度便會降低許多。現在我們會感覺到來自團體內的保護感，比較不會追問：「我的目標是什麼？」而是問：「我存在的高層目的（higher purpose）是什麼？」

我們的本我變成覺察的主要存在方式，它能夠觀察我們的行動，並使其超脫。原本不會立即覺察出來的種種可能性，我們也都能逐漸意識到，並開始去看人生體驗當中有趣的面向。

我們具有觀察與超脫的能力，能夠完全欣賞事情的真相，也因此能夠加以貫穿並超越。我們會進入事件的內在，從我們內在體驗世界。這樣一來，便是脫離了主體與客體、知與被知的兩元對立的世界。我們超越了個人的界線，甚至也超出時空的界線。

每當你允許自己徹底感受恐懼，就等於在做一次這樣的功課。在你進入恐懼之時，並不只是知道恐懼，而是真實臨在於恐懼的中心。過去保護你的界線如今變得毫無意義。你把每一道恐懼之門打開，進入自己的情緒豪宅，你將會很高興地發現自己仍然活得好好的。你承擔了全然的恐懼，也穿越了它的限制。進入恐懼中心的人是你，從恐懼底下再冒出來的也是你，只是後者的你是更新的、再現的，也是更加勇敢的。而與恐懼對抗，只會增強恐懼。

這聽起來很矛盾，不過如果我們想要突破某事，就必須進入它的勢力範圍。當我們停留在痛苦情緒的剃刀刀口，一定會被割傷。當你進入並停留在感覺的核心時，它反而會顯露出無常而短暫的本質，一點也不尖銳傷人，不像我們原先擔心地那樣勢不可擋、把我們制住。那麼我們該停留多久？答案是：停留到恐懼或自我其中一個消失為止。通常消失的會是恐懼。

藉由突破我們為自己設下的不利自己的限制，我們能夠獲得完整的情緒經驗、順服我們的成長時刻，也能夠不自我防衛和尋找資源。留下來的「我」，就是和宇宙萬物同在的「我」，亦即停留於宇宙，同時也超越宇宙。

處理恐懼，包括明確表達並無懼地活出我們所相信的真理。自我肯定是處理恐懼的具體辦法，從態度明確、提出自己的要求，到為自己負責的一連串過程。至於靈性接納的各階段，則比較缺乏清楚的定義。我們先學習自我覺察，接著是放手，最後再到自我超越和同情。自我覺察跟態度明確是一致的，放手相當於提出自己的要求，自我超越便會有相應而生的慈悲。自我覺察與清明同步，它放下我們對於滿足需要的回應，而與慈悲的自我超越及負責任契合。這些是以高層意識處理恐懼的向度。這即是如何讓個人的目標成為靈性的目標。

我們會逐漸意識到那些影響我們做決定的直覺，會愈來愈輕鬆地接受來自身體的訊息，經驗與覺察之間的落差也會愈來愈小。這表示我們正在為自己的經驗負責。最後，我們可以不費力氣地奮起而行，就像馬兒順從風的驅策一樣。

覺察——積極的內觀，指的是看到內在經驗的連結性；也就是說，純粹的覺察並不是客觀存在的。因為我與全人類是一體，所以它是純粹的主觀。我們講的是「超個人的靈性我」(transpersonal Self)。觀察者與其所觀察的宇宙同在，所以宇宙的客觀性與觀察者的主觀性在非二元觀中消失，而成為非純觀察行為。這表示：**只有當自我離去之時，**

恐懼才能找到出口。

我們的轉化，是從分析式思考轉為整合式思考。依附和疏離，我們會加以合成。過去看似難以和解的差異終究會達成和解，那就是跟世界建立親密感，另一方面遠離世間的種種紛擾，但仍維持這份緊密的連結。

其次，當我們超脫自我，我們的行動會變得比較精簡，也更具意義。行為若不執著於結果，比較能夠有負責任的行為，因為行為只需要回應現實，而非願望。

最後，從超個人觀點來看，與我們困境有關的一切都是完美的。我們尊重自己的本質，也尊重我們所處的情境，用自然、尊重當下的節奏來整合改變與自我接納，就像詩人艾略特所說，我們「保持平靜，在寧靜中行動」。

達到開悟的境界並不難，困難的是要與其失之交臂。我們總是把精力花在破壞那些肯定自己已經夠完美的長存時刻。這就是為什麼我們不必再去做任何事去變成完美的原因，因為我們已經抵達了完美的核心。只是我們的大腦常忘記這件事實。當我們敞開自己，只要稍微調整一下心態，就能發現我們有多麼接近真相。

榮格曾說：「真正的治療是接近神聖。當你盡其所能獲得這個令人嚮往又敬畏的經驗時，你便脫離疾病的詛咒。」重點不在於該做什麼，而在於生命旅程中關鍵性的移動前行，讓我們趨近宇宙的光明中心，也就是我們的核心。我們自己就是典範，宇宙的全像（hologram）。治療僅是幫我們從察覺合一（三昧，意謂將心定於一處）過渡到不執著、不批判的理解（悟）。這種過渡就是觀照當下。與此相反的概念是二元論，就是想從我們眼前所見的當中去獲得什麼，或是加以評判。

當我們接近神聖，也就是接近每個人內在人我合一的光明核心時，我們會發現真正的「看」，就是承認每一項真實都是所有真實的全像。十四世紀的英國神秘主義隱修者諾里奇的猶利安（Julian of Norwich）在看到掌中的榛果時得到頓悟，體會「一果一世界」的真理。哲學家德日進（Teilhard de Chardin）寫過：「擁有此我們所認為更完美的眼光，好好觀察這個仍有更多事物可以供我們看的世界。」連西方科學家都聲稱人的左腦不適合進行創造性思考。愛因斯坦有一次也表示：「我的智力對於發現基本法則一點用都沒有。」這些基本法則是靠自己的本能學來的。法國哲學家柏格森（Henri Bergson）也做了補充：「頭腦天生就沒辦法理解真相。」

靈性的接納

靈性接納是一項無為的技巧。它可以作為自我肯定的完成，或是跟自我肯定相搭配，發揮平衡與補充肯定的作用。自我肯定可以靠學習而得；至於靈性接納，當你為了支持「當下經驗是重要的」而做出取捨時，它就會**出現**。與其說靈性接納很抽象，不如說它難以捉摸。這就是為什麼它在言詞上及行動上都只是約略的原因。

我們對於自我肯定的定義，是指個人賦予自己的力量，含有意志力的意圖。靈性接納則對此提供了平衡的觀點，把賦予自己力量，視為願意接受現況，並根據個人的體會而採取行動。自我肯定是主動影響現實，目的是為了改變現實。靈性接納則是**尊重現實，並與現實一同改變**。

當我們顯露較柔性的一面時，我們內在的一致與整合會因自我肯定與柔性間的平衡，而仍然得到保護。靈性接納是在以自我肯定維護個人整合性的同時，也展露靈性我柔軟的一面，以平衡自我肯定的行為。自我肯定對於靈性我具有安定與強化的功能；靈性接納則超越這個層次，觸及「自我更巨大的能量」。

靈性接納可透過冥想、自我肯定和其它靈修途徑來達成。「放手」是這個平衡力量的主要內容。以下是放下自我的十項基本原則，每一項都將引領你展開莫大的靈性改變：

1. 放開限制性而僵化的身分。
2. 放掉「我理應得到照顧」的想法。
3. 不執著於後果，在「讓事情發生」（有為）與「允許事情發生」（無為）之間取得平衡。
4. 放開其它人可能發現我的真實面貌或我心裏在想什麼的恐懼。

5. 放掉必須永遠正確或永遠掌控的欲望，放掉嚴格自律與律他的堅持。
6. 放下陳年的怨氣、責備、嫌隙，以及報復的欲望。
7. 放下「非此即彼」的心態。
8. 放掉想要隱藏感覺、躲避巨變的需求，進而接納它們，遠景也因而得以呈現。
9. 不再否認我們有害怕、羞愧以及興奮的情緒。
10. 不再恐懼親密、獨處、改變、失落與自身潛力。

如同以上所示，我們的行動經常受到來自內在、甚至是下意識的「應該」與「訓示」所觸發。我們不斷聽到這些來自內心的指控性話語，也加以反應。當我們的自我意識能力增強時，會更清晰地認知這種種的「應該」。這些「應該」對我們來說如同自我放棄，事實上它們反映出我們早期習得的自我否認和自我毀滅。從某方面來說，我們使「超我」（superego）浮出意識，也當場發現它。此時，選擇的範圍就此擴大了。

我們必須區別正面的「應該」與負面的「應該」。前者的目的在於維護社會秩序並滋養個人自由，後者卻以維護社會秩序之名犧牲個人自由。我們先丟掉負面的、強制性的「應該」，再把正面的「應該」修正成簡單的個人選擇。

隨著自我覺知的成長，我們慢慢不再牽連他人，認為自己的痛苦都是因別人（如父母、社會）而起。我們不再試圖讓自己擺脫苦痛。本來我們都會想避開，以便痛苦可以過去。覺知的力量讓你有能力與痛苦為友，而不是躲開。如此一來，把自己的缺點怪罪到父母親身上的想法，就會變得毫無意義。無論如何，父母親不應被責怪，雖然他們也要負點責任，不過這一點他們可能會承認，也可能不會。我們覺知到自己的生命史，也該加以哀悼。我們尊重這段歷程，但現在我們願意更熱切地關注當下。

這就是無為的起點。我們不再反抗「應該」或對此總是懷著憤恨之心。我們把這些都放下，停止約束自己，不再惱怒那些害我們被約束的人。吳爾芙說：「某些心境的持續是信手拈來的，因為你無須有任何保留。」

在我們以自我肯定的態度處理恐懼的心理成長功課時，重點是放在「勇於提出要求」。我們的接納性愈強，就愈確信自己的需求終將得到滿足，所以要求對我們來說就不再那麼重要。放手需要你採取主動，意思是脫離那些會限制住我們的身分、劇本，甚至至是感情。只要我們繼續附屬在特定規矩當中，我們對於更多更豐富的體驗就會退縮不前。如果我們放掉特定的身分，就會得到更大的空間來一一回應等待我們去感受的存在契機。這就是活在當下，也意味著我們不再以「嘗試錯誤法」來回應世界的轉變。相反地，我們會發現在原先的自我定位之外，還存在著一片充滿不同選項的新境界。

史詩《奧德賽》（*Odyssey*）裡的尤里西斯（Ulysses）就是明顯的例子。尤里西斯離開卡莉普娑島之後遇上海難，船員與艦隊全部罹難，只剩下他抓著一片船板漂流在海上。眼看生存無望，海上女神呂珂西亞（Luecothea）突然現身，告訴他唯一生存的機會就是放手。只是他的理智告訴他，根據嘗試錯誤的經驗法則，唯一能讓他浮在水面上的辦法就是抓住浮木。但是象徵直覺本能的女神卻叫他放掉浮木，用大膽的新思維來因應當下的危機。他決定聽從自己女性那一面的聲音，信賴大無畏的直覺（在整趟漫長的旅程中他都是依直覺行事）。他不但放掉船板，連身上穿的衣物都脫掉了，在海上踢水，沒有任何支撐物。最後女神幫他神奇一推，他竟然就毫不費力地抵達下一個目的地。

請注意故事中兩個顯著的重點：尤里西斯才剛脫離女神卡莉普娑的軟禁，拒絕她長生不老的提議，決定回到妻子潘妮洛普（Penelope）身邊。這種一步登天的誘惑，即使是神志清楚的人都難以抗拒，但他不為所動，決定踏上歸途。他做的第一個選擇，為之後的神助鋪了路。他為力量增強所做的第二個準備，就是陷入絕望。直覺不會出現在無災無難的航海途中，奇蹟只有祂的空間出現時才會出現。在許多靈學文獻中，頓悟的前兆就是重複出現的「一無所有」。

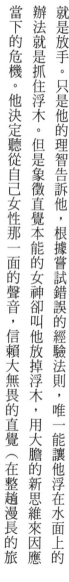

美國哲學家與心理學家威廉・詹姆士（William James）說過，轉化經驗總是發生在絕望之後。前往以馬忤斯的兩個耶穌門徒說出「我們一直盼望」的話，正是他們得到啟蒙的開端。在極度絕望、所有企盼落空時，耶穌竟跟他們在一起，還把餅擘開，遞給他們吃。

尤里西斯放掉航海家的姿態，正如同他先前放棄誘人的卡莉普娑一樣，都是放掉限制他的身分。當我們放下對身分的執著與依附時，靈性就開始成長了。先去問「我是誰？」是去認識自己的身分角色；而後放下身分角色，則是去超越它。**丟下我蒐集來的角色與身分，活在真實的自我中。**例如：「即使我放下替人家做事一定要做對的需求，我依然是個充滿愛心的人。」

請注意，在這些主張以及這類經驗的超個人面向當中，最重要的是我們改變了對身分和結果的堅持。你可以投入改變的計畫，也可以在意某件事的結果，但不必執著在「必須由我來做」的想法，不要覺得一切都得靠你，也不要認為「不好」的結果會把你擊倒。這並非禁欲、刻意不關心，或什麼都不在意。就像詩人艾略特對聖母祈禱：「教導我們去關心該關心的，不要關心不該關心的。」我們不再試圖掌控每一件事，任何的處境都是可貴的。一旦放下自我的介入，我們將在每個時刻的動力中遇到新的「我」。此時一切也都不再要緊，因為沒有一個所謂的「我」去擁有這一切，所以我們就更不必透過擁有來得到內心的安全感。真相比我們想擁有的願望更可貴。

當我們超越自己，便會從「非黑即白、非此即彼」的二元世界觀，轉變到與兩極共舞的愉悅。我們放棄「非此即彼」的堅持，滿足於「二者兼具」的結果。當我們不再要求他人必須受我們支配，也不堅持伴侶必須順從己意，我們就從僵化轉為彈性，從要求到接納：「我留在與你的這段關係裡，也接受真實的你。」這就是看到空間，聽到靜默，在靈性自由之中找到上天的恩寵。

自我超越帶來的轉變，就是從激情到愛心及慈悲的發展歷程。從事事堅持己意，變成察覺他人的存在。你會遠離被束縛的自我，趨向與外界相通的靈性我。靈性我與其它生命保持緊密的連結，緊密的程度使我們與宇宙萬物合而為一。偉大的神秘主義者把這樣的合一體現在對自然的關愛，以及隨著開悟而增長的奉獻感。聖經裏的彼得（伯多祿）在他伯山（大博爾山）上時，他很想抓住開悟的片刻，便說：「讓我們搭三座帳篷吧……」不過他隨即就被提醒，山下還有人需要他們，必須下山。

當我們愈來愈能接受自己和宇宙合而為一的事實，激情會引領我們走向豐盈的止息感。所以，能被我們探索及尋覓到的，都早已存在於我們擁有的本質中。古希臘戲劇總以休止音符作為結束，莎士比亞的戲劇也是如此。激情的部分已經演完，現在觀眾可以喘息。這正是那些已經超越自我需求之人、對他人情緒及宇宙嘆息覺醒之人，所能體驗到的止息。

自我超越會帶著一種友好與結束怨恨的心態。當我們想要報復和懲罰的欲望消失時，就是超越自我。我們不再對任何人抱著對立的心態。我們會包容每一個人，也讓自己得到包容。過去的傷害與憤怒，會被非暴力的愛所取代。我們可以從罹患癌症的孩子畫作上看到令人驚異的例子。盼望恢復健康的孩子把癌細胞畫成從空中對他攻擊的妖怪，孩子畫中的自己，正拿著槍把妖怪一一射下來，象徵擺脫壞細胞。可是在每一個掉落的妖怪頭上，他又畫了降落傘。可見病魔並沒有根除孩子內在的仁慈心腸。

最終的開悟是指變輕鬆，不讓事情變得沉重，不讓任何一個或一連串的經驗成為絕對性的經驗。開悟也指你不再是主導任何人或事的力量。開悟就是我們已經瞭解，是我們自己決定了事情對我們的影響力，這影響可以是痛苦或是好笑的、嚴重影響或幾乎不影響的。

我們放下我們想要藉機加強自我膨脹的需求，或是判斷、藐視別人的需求。當事件發生時，自然與我們有關聯，但它並非是在破壞我們的名譽。對於這些事件，我們只要接受並尊重即可。所以當頓悟發生，我們允許自己看到一直在那裏的生命真相，我們回歸平凡的生活，卻發現平凡生活波光粼粼而神聖，就如神話英雄從地獄返回人世間時所看到的一樣。

頓悟不是比賽結束時所得到的獎品，而是**活在當下**。凡是我們想從這個世界找到的，一定找不到。只有在我們放下欲望、不再要求事情依照我們的期待進行、允許事情發生、信任每條路都是可行的時候，我們的世界與生命才會真正地屬於我們。我們要謹記葛文達所說的：「確信不會有任何發生在生命中的事，不是在我們存在的核心，這即是無畏的基礎。」

有一則哈西德猶太教的故事，一名猶太教士夢到某一座橋下埋有寶藏，他走遍各地，最後真的找到夢中的那座橋。他欣喜若狂地爬下去挖寶，可是不管怎麼挖，就是找不到任何東西。最後他沮喪地坐在石頭上，一個遊民問他為什麼面露悲傷之情，教士便告訴他自己的夢境還有這次徒勞無功的尋寶。遊民卻說：「真奇怪，我夢到寶藏埋在一個教士家裡的壁爐下方，而你長得很像那個教士！」教士聽了連忙趕回家，真的發現大批珍寶。

除了開悟之前必得歷經一連串的失望之外，我們還要知道另外一項重大事實：我們早已擁有所需的一切，只是我們總要先走向漫長的離家旅程，聽到遠方之人所說的話，才會知道一切都在家裡、在我們之內。

「某人」頓悟的事絕不會發生。會發生的，只有「沒人」頓悟。如果我相信只要做了這件事就會得到頓悟，那我就失去了頓悟的資格。首先，我相信自己是個單獨、與宇宙萬物分離的個體，且是個靠己力的頓悟完成者；其次，我相信只要用對方法，就會出現我要的結果；第三，渴望得到頓悟這件事，變成了我的執着。如果你具備這三個條件，你就被三振出局了。我們能做的，就是**什麼都別做**。我們對一切開放。靈性接納就是**把自己放在頓悟最容易產生的位置**。

來自「自我」的最後一個幌子力量是如此強大，以致能破壞成長或頓悟體驗。其實，無論自我如何地努力，都無法如其所願。靈性我在時機成熟時自會顯現，不管我們本來是想召喚它或壓制它，它都會自動降臨。再者，既然沒有掌控靈性者，也不會有破壞者！不必給你的「自我」額外加分！在我們最後的分析裡，自我只是頓悟與轉化經驗的旁觀者，頓悟與轉化都出現在自我的領域之外。

轉化的發生是透過對合一的覺察，而非透過掙扎。當你為控制自己而奮戰，你就已經輸了。通往完全合一並超越二元思想的覺察之路，即是對熱情與感覺不抗拒，而無須為它們做什麼的的歷程。

每當我們試著對自己的恐懼採取行動，包括對恐懼的思考，都只是在增強這樣的感受，就像開著警笛喧囂的警車去突襲賭場的警察一樣。其實，只要把自己調整到什麼都不必做的直覺模式，讓自己完整感受內心的緊張就好。與這些感受同在，這樣我們就能穿越並超越感受。我們與緊張情緒同在，就像竹葉承載著落雪。雪的重量（緊張程度）愈大，滑落的時間就愈早。**接納我們想去改變的，它就會改變；我們接納真實的自己，自己也會改變**。

掙扎奮戰會出現輸或贏的結果，這對自我有負面增強作用，助長我們相信自我是真實存在的幻覺，因為自我必須靠我們時時或有時的自我膨脹才能存活。我們的直覺告訴我們，我們是一體的，而且一體存在超越了贏輸。也就是說，**就算我放棄當主人，我也不會變成奴隸**。換句話說，我沒有做的事，它還是會發生。在性關係上，每當我超越「一切都取決於我所做的或我的表現」時，我就是充滿接納的。單純地留在當下，讓所有該發生的事順其自然地發展。

這也是運動員（特別是賽跑運動員）在結合緊張與愉快、焦慮與喜悅時所體會到的神秘感受。對立狀態的融合，使運動變成另一種開悟境界的典範。物理學家波耳（Niels Bohr）的互補原理可以證明：相對立之物並非獨立存在，而會彼此凝聚與結合。

當行動者（doer）與其行為變成過程而非結果取向，當控制成為放下，我們的生命便得以分享相同的整合過程。這些都是宇宙的幽默，一旦聽懂，就笑得出來。就像當我們發現洋蔥沒有心，只是一層層的皮所形成的時候，也將會心一笑。做類似的自我發現來釋放我們，如此一來，我們就更不會以目標及努力為取向。愈不認為自己能離群索居或很堅強，就愈能放開自己，相信上天的恩寵無所不在，隨處可得。

恐懼中的自由，是這種轉化帶來的結果。因為你如此完全地善待恐懼，你就不會再感到極度害怕。現在，你的自我、喜好、疑問、依賴、模糊的遺憾、對表現得體與否的擔心、對享樂的罪惡感都已經消逝，你已經把自我請走了。

你也超越了自己的思想！你不再做直線思考，為尚未發生的事杞人憂天，而是讓你的心對它的直覺與整合力開放。現在你也超越了自己的需求。你不是基於恐懼看世界，而是從你心靈的深度覺察來看世界，在那裡，沒有什麼事會有差錯。

自由是指不做自我投射或抗拒體驗真實情境的能力。自由就像你體內那股自由自在的活力，無拘無束地律動。身體不會阻止活力的流動，也不會企圖製造流動的欲望或控制流動的欲望。它不再試圖伸手到流動的溪裡取走光亮的卵石，而是直接走進溪裡，隨著水流而移動。當我們不再力戳而是輕撫，事情會簡單許多。這是好玩而有趣的。

耶穌說：「風隨意向那裡吹，你聽到風的響聲，卻不知道風從那裡來，往那裡去。」你進入個人改變和興味交替的韻律之中。你追隨內在的動力，它有時引導你進入常態性的活動，有時頻率降低，有時歸零。你聽到內在時鐘發出和諧的鐘鳴聲。

這就是空性，東方文化對於空虛的概念：無須執著於任何的事或想法。我們從必須去做什麼和捉住什麼的慣性緊張中釋放。空性指的是不為滿足所需而躁進。這是悟出的寧靜，它來自於相信你所需要的一切自會出現眼前而無須刻意經營。這是你所選擇的靈性空無。

如果想要在努力的執著中得到自由，就像禪宗的公案（koan）[1]一般，當我們能取笑自己在試圖控制時，就從努力的執著中解脫了！這跟童話故事中的愛麗絲一樣，當她突然想通，不再要求女王的法院做出合理的審判時，便說：「你們不過是一副撲克牌罷了！」她會這麼說，就表示她不再執著於要做什麼來把事情搞定。她臣服於當下的內在荒謬，也把一切克服了。臣服是指放下「你可以全靠自己」或甚至「你只是個做事的人」的信念。臣服不是指軍事戰爭中的投降，而是放下「所有發生在你身上的事都得靠你處理」的幻覺。

心理成長與靈性成長的中心課題，就是「自我肯定」與「脆弱」完美融合之後帶來的自我整合。這是一趟旅程，同時也是一項技巧。沒有一個人能夠時時清明、或時時索求、或時時對感覺和行為負責任。我們都在範圍內的差異中運作，也一直在這個過程當

1. 編注：修行者以古代禪師開悟的故事或言行作為參禪時思惟的內容，這些故事、言行便稱為「公案」。

中。有時候我們會放手，有時可以超越自我，有時則做不到。

心理成長永遠不是與數量、或甚至與表現有關。像是「我今天做了一百次的自我肯定」或「我今天做了完美的想像」，這些都不如以下的描述來得有希望：「我感覺我有進步，雖然進度不快，但我發現力量的追求和放手的能力似乎開始在整合，兩者都一塊出現了。」這是走向合一，遠離干擾、對立、距離和追求勝利的欲望。這是來自四方的和諧之音在我們心中引起的共鳴。

聖小西蒙（Saint Simeon the Younger）說：「我看見祂在我的屋子裡。祂毫無預警地出現在日常生活中，完全與我合一，毫無間隙地跨越到我面前，以致我們之間無所阻隔，就像火可以照耀鐵、光可以穿越玻璃一樣。祂讓我像火、像光，我變成以前目睹過的、我從遠方看過的那樣。我不知道如何讓你瞭解這樣的奇蹟。我生來具有人性，因恩典而得神性。」

英雄及其最終的神祇，追尋者及被發現者——這兩者都得以被瞭解，就好像單一的自我鏡映之奧秘的內與外，它與顯像世界的神秘一致。偉大英雄的偉大事蹟，就是瞭解這個多重存在中獲致的統一體，然後讓這樣的知識為眾人所知。

——約瑟夫．坎貝爾

第8章 肯定自我，無所畏懼

我們的內在有個東西想要生長。這個東西需要我們的灌溉，需要宇宙的能量，它的內在也有渴望生存與成長的急迫性。為了培育這個潛在的能力，我們會付出努力，敞開自己接受宇宙的恩惠，也相信內在有一股催促演化的熱情，使我們想要生存與成長。

自我肯定在這三方面都用得上。我們要做的功課就是構思、記憶並加以運用。如此一來，超越我們本身的能量也會前來支援。每一次的自我肯定，都是對我們內心想要活得徹底的渴望，給予認可的表示。

練習自我肯定的技巧

構思一份自我肯定的聲明，是讓你放掉恐懼、朝向整合的旅程中繼續前進的要素之一。自我肯定，是積極地宣告一件事：這件事早已確實存在於我們的潛意識，如今正準備在有意識的生命中展現出來。第一步是傾聽我們的內在世界，找出有什麼是想要浮現於意識之光的。要做到這點，先檢視你的夢境、直覺、任何一個一直出現的有意義巧合、反覆出現的形象，或是一直吸引你注意的事。

這些全都來自內在的潛意識我（unconscious self），也不在理性能接受的範圍內。試著做這個練習：聚焦在一個一向吸引你的形象上，與它展開對話，問問它，它一直想告訴你的是什麼事。然後閉上眼睛，把專注力內收，彷彿它就處在你心中一樣，接著再聽聽它要說什麼。只要一個字或一句話就夠了。你也要做出回應，看看這個對話能持續多久。如果你願意，可以改成全部用寫的，或用音樂、動作或任何你想得到的創意方式來做都行。讓這個形象用你覺得舒服的形態對你說話。你要能夠包容與接納，也不要做任何擺佈或變動來使對話委婉或緩和。

現在，把你想像的結果做個歸納，設計出一份確實的陳述。時態採用現在式，用第一人稱單數。這不是許願，而是一份聲明，所以不要寫「我可以」，要寫「我是」、「我願意」、「我容許」或「我尊重」。

你此刻在做的，是針對一個一直吸引你注意力的形象，設計專屬你個人的認同。這個形象之所以吸引你，是因為它想幫你達到更高層的自尊，實現你個人的獨特天命。它的意義就等於你的意義。

自我肯定會使你意識中的抗拒和持續進行的潛意識評價同步。要記住，你的「潛意識我」已經完整，沒有過去與未來之分。你的內在有個恆久同步的「現在」，充滿著奇蹟般的力量以及無條件的愛。我們的天命，就是讓自己獨特的生命故事融入到日常世界中美妙與療癒的合一境界。自我肯定會銜接「能力」（內在的富足）與「表現」（外在行為）之間的落差。

認可你自己能做到最好、相信你本來就已經最好，就是自我肯定的做法。這些都是為了建立你的自尊。自尊指的是珍惜自己的實相。自我肯定也會幫你超越你的自我，進入靈性轉化的階段。靈性是我們內在想追求「意義」的意念，一份不受時空限制的意義。靈性的健全與性格的兼備，會讓我們對於該選擇哪一條路產生直覺。當我們整合個人與靈性生命時，也會對自己和他人展現更大的熱情。對他人產生無條件的愛，並不會跟我們必須照顧自己這件事產生衝突。我們一方面對他人展現健全的愛，另一方面也能維護、珍愛自己的界線。這就是我們的天命。

接下來要做的自我肯定，都是前幾章提到的內容，本章會再度納入、歸納，並且加以延伸。以下的自我肯定會支持你實踐自我肯定與靈性感受力，來超越恐懼，並使你依照天命而活。

唸出所有自我肯定的句子，從中挑出最符合你理想的那幾句。自我肯定會延伸你的意識。你所認可的，一定是打動你的那一句，你會發現到，這是潛意識準備好要與意識接軌的途徑。你可以調整自我肯定的說法，也可以提出自己的版本。總之，你選擇的那一句對你來說就是最好的，有必要也可以加以修改。把那一句寫出來，整天複誦。本章列出的自我肯定句當中，有一些要等到你準備好接受它們的時候，你才能真正地看進去。這裡的每一句都能帶你超越目前的處境。

如果你每天至少花十分鐘時間，大聲朗誦你的自我肯定清單，對你的助益是很大的。每天要經常複誦。透過反覆念出和記憶，就是把自尊設定在你的意識當中。你認為挑戰最大的自我肯定內容，則要特別留心，它們會幫助你前進到下一個階段。你會逐漸把重心放在你最需要的那幾個項目。當你特別被某一項所吸引，就表示你已經準備好要付諸實行了。以下的自我肯定沒有按照特定的順序排列，所以不管你從哪一項開始或結束，都是適當的。

找一個使人平靜的地方，想像你自己符合自我肯定後所呈現的樣貌。自我肯定是對內在心靈的建議，而且最好不要讓理性思考介入。就讓自我肯定好好走完這一遭，不要提出任何問題，就好像朋友們進你家門時，你不會要求他們出示身分證一樣。承認每一句自我肯定句子中的「我」指的就是你，而且每一句講的你，指的就是真實的你，即使那與你目前的行為與理性思維模式並不相符。漸漸地，你會注意到你對自己的感覺更好，面對新議題時會做出更明智的抉擇，也有更深沉的安詳感。

下一個自我肯定，一定會跟你即將啟動的轉型、剛完成的轉型，或正處於其中的轉型有關。自我肯定讓我們動起來，保證我們會繼續走下去。為你自己標出你在這段轉型中的位置（開始、中間、結尾），並用一句自我肯定來表明你的狀態。記住，不管你在中間、尾聲，或是剛結束的階段，自我肯定句仍須維持現在式。以下是使用一段特定生命轉型議題的例句：

- 我放掉小孩長大後我會失去他們的恐懼。
- 我看到孩子們追尋自己的人生，非常高興。

- 我利用餘暇，更加疼惜自己的內在小孩。
- 我哀悼子女的離去，也放手讓他們離開。
- 我繼續過我的人生。
- 我從內在不斷地找到新的生命能量。

你的內在我（inner self）不斷地送出訊息和線索給你，讓你明白下一步該怎麼走。榮格說：「專注於潛意識，是對它的讚美，確保它的配合。」所以當我們準備好去學習或想要踏出下一步的時候，在心靈和宇宙的合作之下，相關的事件會發生，相關的人也會進入我們的生命。

直覺、治療、好友支持性的回饋，還有想像的力量，都會幫助我們解讀這些在生命中出現的人與事，讓我們從表面的資訊層次轉換到內在的自我肯定層次。一旦開始運用自我肯定，我們就得蓄勢待發，我們的氣勢將會被出現的選擇所試探。我們真的要這樣嗎？如果我們肯定地表明「我要不斷地放下」，失落可能就會發生，因為潛意識已經得到「要放手」的指示。而另一句「我追尋並擁抱新的挑戰」的肯定話語，也許能讓你從不尋常的管道找到新機會。當我們肯定地表態時，必須認真，因為它的確會成真！

當你對事情或選擇說「好」的時候，你支持的是自己誠摯的決心。你會變得對你的內心世界更加開放，會聽出更多來自內心的聲音，也會察覺自己天賦的能力。對潛意識的專注，會創造更多與內心對話的機會。如果你停止傾聽，內在的聲音也會隨之沉寂。

慢慢地，這些選擇會使你有意識的行為發生改變。現在，在能力與表現之間已經沒有落差；在潛意識的真相與意識的表現之間也不會有落差。此時你可以丟掉自我肯定，因為它已經達到開拓你生命的任務了。

通常，新的自我肯定會出現，帶你進入下一關。你已經採取了一些行動，做出一連串的抉擇來使你的自我肯定生效，接下來的轉變會自動發生。這轉變就是努力和上天的恩寵在你生命中合作的結果。

不要使用一些像「不」或「絕對不」的否定用語，也不要使用「可以」、「可能」或「將會」這些字眼。潛意識沒有過去、未來或希望，只能理解此時、此地、是、可以。有時候，在自我肯定句中反映相同主題時，同時用兩個否定用字來表達肯定的意思，也是恰當的。

把這些自我肯定的句子朗讀或默讀出來，並錄起來聽。你也可以用畫的、用演的、用唱的，或用舞蹈的方式表現出來。寫在卡片上，貼在每一個你的目光經常接觸的地方，比如車上、書桌、浴室、鏡子、冰箱、皮包等。

經常去想像自己做出新的自我肯定行為的樣子。把這個動作當成練習，每天靜靜地做三分鐘。

如果某個肯定句沒有在一個月以內發揮作用，你就先擱置。這表示你挑選的肯定句不恰當，不適合你的程度，你還不需要它。請記得，對你「有效」的自我肯定句指的是，它引發相關的各種選擇和挑戰直接呈現在你面前，或是你能把自我肯定落實在具體的行為改變上。

每當你覺得時機適當時，把你的自我肯定內容告訴你的朋友。具體的情況出現時，當下立刻設計能一次搞定的自我肯定句。這會創造出包含思想與行為雙重向度的自我肯定。舉例來說，當你記得繫安全帶的時候，馬上說：「我愈來愈會照顧自己。」當你拒絕吸菸時，就說：「我愈來愈注重健康。」

以下是一些有助於你擴展意識與無懼的自我肯定：

我有幸福的權利。
我對自己真實的樣貌感到愈來愈接納。
我做了愈來愈多讓自己成長的事。
我展現比以往更多的愛。
我為準備進行自我改變的功課負起責任。
每一道障礙都是我要跨越的門檻。
我在每個人身上遇見神的恩典。
恩典存在於我的每一項挑戰之中。

恩典在每一道阻礙中拜訪我。
我是意識之光的管道。
我對自己與他人懷著深深的疼惜。
我不斷調整自己，趨向內在持久的圓滿。
我接受自己的限度，並超越這些限度。
我放下想去控制、審判、攻擊並期待他人的需求。
我感受到一股無條件、不可分割、不會被破壞，且存在於內心與周遭的愛。
我在每一個思緒、每句話和每個行為當中，都展現無條件的愛。
對所有讓我維持舊習慣與恐懼的合理化行為，我都能看穿並微笑以對。
我放下對事情應如何呈現或事情該處於何種狀態的期待。
我一直在自我更新。
我放棄基於恐懼而呈現於外在的假我。
我當下的衝突就是我該做的功課。
我此刻的困境充滿智慧。
我是完美的；即便事情變得一團糟，我還是完整的。
我具備不受侵犯的內在整體性，足以度過每一場混亂。
這場混亂就跟每一場混亂一樣，會平安地結束。

我總有驚人的自我恢復力量。
我接受生命中的失落之事，並徹底地哀悼。
我認可人類的每一種感覺。
我要求我想要的。
我為自己的思想、感覺與行為負責。
我過去及未來都非常健康地存在於一段關係中。
對於我想要的，我不強迫別人滿足我的需求。
我放下各種特權意識。
我向他人說出我的限度。
我把自己的猜忌、疑慮和願望告訴他人。
我會告訴他人，我何時及如何欣賞、害怕、愛慕及對他們發怒。
我同時顯露怒意與愛意。
我表達我的恐懼，也放下想將我的恐懼感受付諸行動的需求。
我的拒絕不帶罪惡感。
我的生命中總是不缺選擇。
我讓他人知道我有多麼脆弱，而我由此得到力量。
我放下自己是受害者的想法。

我不斷地注意到並感謝內在持續發生的自動轉變。
我察覺到愛會從四面八方、從每個事件和時刻來到我身邊。
我放下想去控制、握有實權的需求。
我信任自己的直覺。
我承認我強烈羨慕別人的某個特質，正因為我否認自己也有相同的特質。
我承認我強烈鄙視別人的某個特質，正因為我否認自己也有相同的特質。
我培養我內在的慈愛。
我會照顧受傷的內在小孩。
我在接受愛情與處理傷害時，會信賴自己。
我在接受忠誠與處理背叛時，會信賴自己。
我承認我有被遺棄和被吞噬的恐懼。
我允許別人的親近，我也允許別人的離去。
我愛自己，並在親密關係當中與人分享這份愛。
我追求良善，也讚美它。
我喜愛給予和接受。
當別人改變、做出選擇、讓我知道他們想法不一樣，或拒絕按照我的意思行事時，我都接受。

我說出我的故事，也放下我的故事。
我揚棄要保持正確無誤、有所保留、要扯平的需求。
我接納生命中的荒蕪時刻，因為那些時刻能夠開放我的生命。
我一向知道何時該主導，何時該放手。
我放棄對自己苛刻要求的衝動。
我允許有犯錯的空間。
我即使感到恐懼，也會接受挑戰。
我尊重高層的生命目的，用一生的歲月展現我超越時空的愛。
我讓意識之光照亮我的個人世界。
我讓永不凋謝、象徵完整圓滿的玫瑰在內心綻放。
我帶著象徵完整圓滿的聖爵，澆灌我生命與世上的荒蕪之地。
我就是完整存在的彰顯。
我信任一切發生之事而不堅持質問原因。
我信任不斷出現的新事物。
我是愛，能在各種人類處境中無條件地發芽生長。
我是在最好的地方去愛。
我因所面對的事而釋放我的愛。

我跟教我如何去愛的人在一起。

我選擇一再地用每一種方式向每個人展現我的愛。

我堅持無條件的愛，也堅持保有我的界線。

我做出靈性的選擇，以及能彰顯愛與自尊的選擇。

我歡迎時間的改變。

我歡迎讓步的時刻。

我歡迎擁有的時刻。

我歡迎放手的時刻。

我歡迎成功的時刻。

我歡迎崩潰的時刻。

我歡迎找到立足點的時刻。

我歡迎沒有成就的時刻。

我歡迎對抗的時刻。

我歡迎順服的時刻。

我歡迎停留的時刻。

我歡迎前行的時刻。

現在，我用愛與樂趣來看待一切。

現在，針對你最近出現的想法，設計一句個人的自我肯定（把這個想法轉為自我肯定）。舉例來說：如果你瞭解到你害怕親近，可以設計這一句：「我承認我對親近與拉近距離有恐懼感。」將父母親過去的訓斥翻轉，成為一項自我肯定；比方說，把「你是懶鬼，以後沒出息」轉為「我很勤勞，對工作充滿熱忱。我的工作使我成長。我的職業生涯讓我對自己的感覺愈來愈好。」

另外一個自我肯定的主題是性。檢視你的性（親密關係）方式與行為。設計一個尊重並強化它的自我肯定：

- 我的親密關係具備整合一致性（integrity）。
- 我付出並接受親密感。
- 我透過性表達愛。
- 我尊重我的性選擇。
- 我整合性本能與親密感。
- 我生命中與性有關的一切，一天比一天健康。

找一項關係的議題，與你的伴侶一塊兒做一次自我肯定。共同把它寫下來，兩人一起做，也個別去實踐：

- 我們的關係一天比一天更健康。
- 我提出我想要的。
- 我展現更深的愛意。
- 我不管去哪裏都帶著愛。
- 我不管去哪裏都找到愛。
- 我允許我的伴侶接近我。
- 我允許我的伴侶有自己的空間。
- 我給予並接受親密的愛。
- 我遵守協定。
- 我處理障礙。
- 我愈來愈能傾聽我的伴侶。
- 我聽到他的感覺並加以回應。
- 我承認我的需求與恐懼。
- 我放掉逞強好鬥的需求。

用自我肯定來善待、整合你的陰影（我們拒絕承認自己擁有的那一部分）。正面陰影就是我們尚未開發的內在潛力，我們會對他人身上的相同特質投以強烈讚賞。負面陰影是由不被我們接受的缺點所組成，我們會對他人身上的相同部分感到強烈嫌惡。

用自我肯定的方式與正面陰影做朋友，表明在他人身上得到你讚賞的那些特質，其實你自己也具備：「我是果決而明確的」、「我是慷慨的」、「我的自尊在增長」、「我脫離了恐懼的控制」。

設計自我肯定的句子來與你的負面陰影做朋友，表現你有能力與內在你不想擁有的負面行為做正向的相會。如果你看不起那些習於掌控別人的人，你就說：「我釋出我的領導力。」如果你討厭別人撒謊，就說：「我愈來愈有想像力。」如果問題出在傲慢，你可以說：「我對自己有信心。」

運用弔詭的力量來設計自我肯定，重建你心靈與靈性生活破碎的區塊。弔詭是潛意識的語言。由於自我肯定能幫助我們將無意識的過程轉換成有意識的選擇，所以用弔詭的方式來做自我肯定，效果會更好。舉例來說，如果你為了信心喪失而感到難過，你可以說：「我具有堅定不移的信心。」你將很快找出信心依然鮮活的地方，以及用其他方式重建信心的地方。如果你對過去感到羞愧，就說：「我為我生命的真實面貌感到驕傲。」

要注意，在以上每一句自我肯定的敘述當中，你如何轉變原來的思想與感受。靈性智慧正是要鬆綁自我對於現實的執著。如果你認為你快要跟職業生涯脫節，可以做以下的自我肯定：「我擁有超乎想像的天賦。」如果你認為生命即將與你擦身而過，那麼就說：「我擁有愈來愈強烈的活力與精力。」如果你以為希望落空，就說：「我有一切的理由樂觀。」

潛意識最愛矛盾之事，雖然這在理性看來是很衝突的。自我肯定愈矛盾愈好。不要去做邏輯思考，你才能釋放自己的療癒力量。

- 我放下等待別人批准的需求（等著別人接受你）。
- 我接受風險，同時注意安全。
- 我在一段關係當中既堅強也脆弱。
- 我顯露我的柔軟，並因此而有力量。
- 我放下控制權，並因此而有力量。
- 我在乎結果，也放下對於結果的需求。
- 當我放下努力，我的一切需要便出現在眼前。
- 我不再尋找，我便有了我需要的一切。
- 我尊重自己的界線，也超越我的限度。

「買賣聖職」是指試圖用金錢來取得靈性上的富足。自我肯定有時會因此而被誤用。當心靈走向更高層意識時，要小心地使用自我肯定這個有力的靈性工具。自我肯定在此有效，是因為轉變的時間已經成熟。「獲得力量」與「不費力的結果」之間富有深意的巧合，代表同步性的時刻。如果你想透過自我肯定來得到好處，不管是物質上、心理上或精神上，都是靈性的物質主義行為。自我肯定並非要讓你獲取更多，而是鼓勵、支持改變，與生命的高層目的合作，讓事情順其自然地發生。自我肯定最好的態度，就是傾聽、尊重心靈想帶我們去的地方，而不是自我試圖保護我們的地方。自我肯定傳達的訊息，就是順服即將到來之事，而非緊抓住即將讓我們自我膨脹或獲利的事。

小心內在自我批判的聲音，那是與自我肯定相反的負面思想，想以此掩蓋我們。設計一套翻轉負面思想的自我肯定。再次仿效合氣道的原理：不主動攻擊，只要把否定的力道借勁使力，便能將否定轉為肯定，用這種方式來增強你的能力：

- 如果你的否定是「我不能」，就肯定地說「我是」。請注意，在做自我肯定時，我們是一路到底。也就是說，「我不能」的下一步不是「我能」，而是直接到「我就是」的終點。自我肯定必須帶著這麼一股奪標的冒險精神。
- 與其用「我就是這個樣子」來表達否定，不如改成「我是用完全不一樣的方式來做的」，這將增強你逆轉僵局的能力。
- 當你想用「我有過錯」來表達否定時，如果你的確有過錯，可改為「我承擔責任，並做出補償」，如果你並非真的有錯，可改為「我放下罪惡感，並拿出信心來做出選擇」。

重新框架每個否定及自我輕視的想法，還有每個對自我肯定貶抑的判斷。要記住，自我形象會讓我們找到力量，使力量擴大或縮小。

當你透過口頭、自我想像，以及提出事實（這些方式對潛意識都會產生相同的效果）來進行自我肯定時，你的「內在我」會變得完整並開始專注。「想像」這個策略在運動競賽時很靈，原因就在這裏。腦中想像出贏得比賽的能力，對潛意識來說，就等於具有贏得勝利的實力。

如果我們要釋放內在僵化的自我概念，並將其轉化為心靈的行動力，可以透過自我肯定來達成。自我肯定永遠是指往前邁進、更豐富、使「自尊」和「釋放受到囚禁的能力」繼續成長，以完成我們生命的高層次（靈性）目的：**讓愛的光芒得以穿透生命**。

結語

當衝突遇見光明

以下的故事，構想來自電影「再生之旅」（The Doctor）的劇情。電影講到一個原本冷漠、沒有愛心的名醫，最後變成溫暖而願意敞開心房的男人。但是，其他的人不相信他的轉變，因為他過去的形象已經在大家心中根深柢固了。當一個人從令人生畏、不友善的樣子轉為愛人與接納，剛開始也許很難使人信服。大幅度的轉向，總是要經過一段時間之後才會得到認可。

農場主人法蘭的莊稼大豐收，但他就是高興不起來，因為每天總有一群呱呱亂叫的烏鴉飛到這裡，張開貪婪的嘴大啖田裡的作物。嫩芽、花、種籽和果實被吃掉的速度就跟鴉群出現的速度一樣快。獨居的農場主人法蘭在這場危機中，想到能幫他解決這場人生困惑的，只有電話簿。在「確保莊稼利潤」那一欄，他發現一家名叫「幫地愛之毒，暴利者之友」的公司。農場主人法蘭跑了一趟「幫地愛之毒」，帶回一堆噴劑、藥丸、粉末、彈丸、氯化烴類殺蟲藥、化學不育劑、驅蟲劑，以及各種毒藥知識。這天，他的鬥志簡直跟那些在天空飛的鴉群一樣高昂。這些全都是人類用聰明的頭腦對抗動物發明出來的先進武器。

第二天早上，烏鴉王帶領著二千隻鴉民跟往常一樣，準備享用豐盛的早餐時，掉入早就佈置好的大屠殺陷阱。農場主人法蘭咯咯地笑出聲來，趕緊跑出去看那些吃他作物的強盜因為呼吸困難、喘不過氣而一隻隻從空中掉下來，每一隻都帶著強烈的背叛感而死去。你看，牠們自始自終都認為這些作物是為牠們而種的！

見過大風大浪的烏鴉王當然知道發生了什麼事。牠從青年時期就榮登烏鴉之首，多次逃過人類為了降低烏鴉數目所做的惡行。當牠還是幼鳥，住在別的地方時，甚至親眼目睹鳥爸爸鳥媽媽被電死在稻草人手中。那恐怖駭人的景象至今還讓牠餘悸猶存。不過，牠也知道牠率領的烏鴉大軍很快就會對農場主人法蘭到處撒的毒藥產生抗藥性。牠想得沒錯。很快地，一千七百隻烏鴉再度攻擊這片綠油油的農地，再也沒有一隻死於「幫地愛之毒，暴利者之友」的劇毒產品。

面對鴉群驚人的復原力，農場主人法蘭搖身成為無情法老，再度求助於電話簿的工商廣告（公司行號以外的其它人，他一個都不認識）。這次他改查另一類「減少害蟲」，找到「提多捕獸人，截斷自然規律」。農場主人法蘭和提多捕獸人挑選了多種會卡住爪子、夾到翅膀，或任何縮短烏鴉可恨生命的圈套之後，兩人露出得意的笑容。

接下來的三天，農場主人法蘭田地裡的陷阱，劈里啪啦地奏出烏鴉掉進圈套時振翅拍打、嘎嘎作響的交響樂。他總算打敗那些終日折磨他的大惡棍，那些在私人領空逞兇的翼手龍。

此時，烏鴉王看著這場禍事，趕緊教導數目日益減少的鳥民如何一方面躲避陷阱，一方面繼續大吃眼前如自助餐般豐美的稻穀與果實。很快地，每一隻烏鴉都懂得靈巧地逃開「提多捕獸人，截斷自然規律」的陷阱。現在，一千五百隻烏鴉在這片食物樂土上愉快地飽餐。那些失去功能的陷阱現在已經發不出尖銳的劈啪聲，取而代之的是不成調的烏鴉叫聲！

農場主人法蘭又翻開電話簿尋找救援。挫敗的他嘟嘟囔囔地發著牢騷，完全不理會「鳥類觀賞、鳥類心理學、鳥類食譜、鳥類交配、鳥類墓地、鳥類捕捉、鳥類棲地」這些項目，直接跳到「鳥類殲滅」那一欄。

「捕食怪獸，物剋物自然法則，一九九五成立」的這家公司，高興地告訴新客戶農場主人法蘭，他來得正是時候！公司今天才進了一批飢餓的石虎，一種很難被馴養的大型貓科動物，擅於靠跳躍捕食各種鳥類。

這群石虎也真的在田裡跳來跳去，到處獵捕烏鴉。烏鴉王要眾鳥民等待田裡的小麥和玉米長高，只要作物長到超出石虎能跳的高度，就不怕被吃掉了。烏鴉們一一照辦。很快地，一千四百隻烏鴉無憂無慮地吃光作物最上緣的部分，還把鳥糞對準在下方來回踱步的石虎。現在石虎們沒得吃，差事也丟了！

農場主人法蘭慘遭挫敗後深感懊惱，把自己關在家裡生悶氣。他比之前更強烈地體會到，自己在這場人鴉大戰和生命中有多麼孤單。他的感覺和雙手長期以來的連結模式，促使他的手指再一次去翻閱電話簿。

這一次上場的是「命運之力」。農場主人法蘭在「解決人類的分離」廣告中看到一個專為單身人士辦的「如何找到同伴」活動。聚會就在他看到廣告的當晚舉辦。他趕緊發動那輛忠實的雪弗蘭卡貨車，從華森維爾開了二百七十五英里到聖塔芭芭拉。

然而，當他參加聚會時，根本定不下心來聽演講，甚至無心注意一同坐在觀眾席裡魅力十足的單身女士。不過在當晚，奇異的恩典總算降臨在農場主人法蘭身上，他清清楚楚、完完整整地聽到演講者說出一句話：「你只要站著就好，雙臂向外伸展，擺出歡迎的表情。」

農場主人法蘭聽這些話，立即感到這些話在他的靈魂深處迴響。這就是禪宗的當頭棒喝，敲醒人類存在的淺薄與種種妄念。接著，在他過去未曾碰觸到的內心某個仁慈卻築起高牆之處，他感受到生命的剎那，幡然開悟，發現他根本不需要滅絕烏鴉，他可以與之共處。

農場主人法蘭完全沒注意到現場許多女性對他行以深長且誘人的注目禮；沒注意到隔週「與身著工作服的英俊陌生人約會」的各種徵婚廣告；沒注意到演講者最後以《古水手之歌》的詩來做結尾，這首詩講的是老水手領受了奇異恩典，開始為一切生靈祈禱。他慢慢開車回家，接下來的三天只是坐在客廳裡靜靜地冥思。啊！層層的痛苦與執著從他身上消失了！過去不是你死就是我活及利欲熏心的想法，也在他的內心瓦解！

週二清晨，重生的法蘭心中充滿著對一切生靈無條件的愛。他身上還穿著皺巴巴的衣服，在晨光中來到屋外舞動著身體，雙臂往外伸展，想到他即將迎接烏鴉弟兄們的到來而興奮地渾身顫抖。可是鳥群並沒有出現，那天沒有，隔天也沒有，第三天也沒來。法蘭非常納悶，為什麼沒有一隻烏鴉願意飛來接受他誠摯的愛呢！

其實，烏鴉王在法蘭沒有察覺的情況下，在第一天便做了偵察飛行。牠從法蘭身後悄悄地飛下來，一看到法蘭猶如立於世界中心的身影時，飛到一半的烏鴉王乍然止住，只能闔上慌張而害怕的雙翅，準備往回飛。那一刻，烏鴉王身上每一個細胞都因恐懼而感到戰慄，父母親可怕的死亡場景在牠腦海中開始重現。幼鳥時期得到的情感、接納、容許與關注，都在一場意外中畫下休止符。

牠在轉身飛走時哭了，「啊！那些破舊的衣服、張開的手臂，一定是當初那個可怕的通電稻草人回來了！」傷心欲絕又恐懼的烏鴉王便召集眾鳥，從此遠離此地。

國家圖書館出版品預行編目資料

當恐懼遇見愛 / 大衛・里秋（David Richo）著；曾育慧, 張宏秀譯. -- 二版. -- 臺北市：啟示出版：英屬蓋曼群島商家庭傳媒股份有限公司城邦分公司發行, 2022.05
面；　公分. -- (Talent系列；23)
譯自：When love meets fear : how to become defense-less and resource-full.
ISBN 978-626-95790-9-9 (平裝)
1.CST: 恐懼 2.CST: 愛
176.52　　111004920

啟示出版線上回函卡

Talent系列023
當恐懼遇見愛：在關係中療癒害怕與不安，找回無懼的愛

作　　者／大衛・里秋（David Richo）
譯　　者／曾育慧、張宏秀
審 訂 者／張宏秀
企畫選書人／彭之琬
總 編 輯／彭之琬
責任編輯／周品淳

版　　權／吳亭儀、江欣瑜
行銷業務／周佑潔、黃崇華、周佳葳、賴正祐
總 經 理／彭之琬
事業群總經理／黃淑貞
發 行 人／何飛鵬
法律顧問／元禾法律事務所 王子文律師
出　　版／啟示出版
臺北市104民生東路二段141號9樓
電話：(02) 25007008　傳真：(02)25007759
E-mail:bwp.service@cite.com.tw
發　　行／英屬蓋曼群島商家庭傳媒股份有限公司城邦分公司
台北市中山區民生東路二段141號2樓
書虫客服服務專線：02-25007718；25007719
服務時間：週一至週五上午09:30-12:00；下午13:30-17:00
24小時傳真專線：02-25001990；25001991
劃撥帳號：19863813；戶名：書虫股份有限公司
讀者服務信箱：service@readingclub.com.tw
城邦讀書花園：www.cite.com.tw
香港發行所／城邦（香港）出版集團
香港灣仔駱克道193號東超商業中心1F　E-mail: hkcite@biznetvigator.com
電話：(852) 25086231　傳真：(852) 25789337
馬新發行所／城邦（馬新）出版集團【Cite (M) Sdn Bhd】
41, Jalan Radin Anum, Bandar Baru Sri Petaling, 57000 Kuala Lumpur, Malaysia.
電話：(603) 90578822　傳真：(603) 90576622
Email: cite@cite.com.my

封面設計／徐璽設計工作室
排　　版／邵麗如
印　　刷／韋懋實業有限公司

■ 2013 年 6 月 4 日初版
■ 2022 年 5 月 5 日二版
Printed in Taiwan
定價 380 元